**Nada es imposible
si tienes Fe**

Nada es imposible si tienes Fe

No te conformes con menos de lo que te mereces

Julieth Pareja Rios

Nota a los lectores: Esta publicación contiene las opiniones e ideas de su autor. Su intención es ofrecer material útil e informativo sobre el tema tratado. Las estrategias señaladas en este libro pueden no ser apropiadas para todos los individuos y no se garantiza que produzca ningún resultado en particular. Este libro se vende bajo el supuesto de que ni el autor, ni el editor, ni la imprenta se dedican a prestar asesoría o servicios profesionales legales, financieros, de contaduría, psicología u otros. El lector deberá consultar a un profesional capacitado antes de adoptar las sugerencias de este, la integridad de la información o referencias incluidas aquí. Tanto el autor, como el editor, la imprenta y todas las partes implicadas en el diseño de portada y distribución, niegan específicamente cualquier responsabilidad por obligaciones, pérdidas o riesgos, personales o de otro tipo, en que se incurra como consecuencia, directa o indirecta, del uso y aplicación de cualquier contenido del libro.

Este libro no podrá ser reproducido, ni total ni parcialmente, sin previo permiso escrito del autor. Todos los derechos reservados.

Título: *Nada es imposible si tienes fe*

© 2018, Julieth Pareja Rios

juliethparejarios@gmail.com

Autoedición y Diseño: 2018, Julieth Pareja Rios

Diseño de Portada: 2018, meninheira - info@meninheira.com

Primera edición: mayo de 2018

ISBN-13: 978-8409021697

La publicación de esta obra puede estar sujeta a futuras correcciones y ampliaciones por parte del autor, así como son de su responsabilidad las opiniones que en ella se exponen.

Quedan prohibidas, dentro de los límites establecidos por la ley y bajo las prevenciones legalmente previstas, la reproducción total o parcial de esta obra por cualquier medio o procedimiento, ya sea electrónico o mecánico, el tratamiento informático, el alquiler o cualquier forma de cesión de la obra sin autorización escrita de los titulares de copyright.

Índice

Introducción. 17

1. ¿Quién es Julieth Pareja Rios? 27
2. Mi historia: 29
3. Mi hijo, mi mejor maestro. 37
4. Las decisiones son las que rigen tu destino. . . 43
5. Rompe el patrón familiar. 53
6. Expectativas. 59
7. La vida a través de un adolescente. 63

Quiérete tanto, o más, de lo que puedes querer a cualquier persona y encontrarás personas que te amen tanto o más que tú. 71

8. Cuando tú eres fiel contigo mismo,
   Dios es fiel contigo mostrándote el cielo. 73
9. El Principio de un cambio. 93
10. No existen las
    casualidades sino las causalidades. 99
11. ¿Cómo prefieres llamarlos,
    ángeles o guías espirituales? 105
12. Agradecimiento especial. 111
13. El perdón empieza en ti. 115
14. El niño interior. 119

Para encontrarse es necesario primero perderse. 123

15. Buscando mi rumbo. 125
16. La importancia de los hábitos. 133
17. El entorno. 137
18. El miedo y las inseguridades. 141
19. Descubre tu identidad. 147
20. Sé tu superhéroe favorito. 160
21. Carta para mí. 161
22. La fe. 167

La ley de la atracción.
Mundo cuántico y metafísico. 185

23. La ley de la atracción. 187
24. Sueña en grande. 203
Lain García Calvo. 209

Prólogo de Lain

Las metas pequeñas no se cumplen por una razón: SON ABURRIDAS

Piensa en esto….

La mayoría de coach o mentores allá fuera te van a aconsejar que te pongas metas fáciles, asequibles, que puedas lograr fácilmente y sin esfuerzo.

Ese tipo d objetivos mediocres son los principales responsables de que las personas nunca se eleven más allá de las circunstancias. Y hay una razón para esto, las metas pequeñas no nos impulsan a salir de la zona de confort.

Cualquier cosa que queramos lograr, tiene intrínseca también un precio a pagar. El tamaño del sueño determina el tamaño del precio, pero con metas pequeñas no nos motivamos lo suficiente como para pagar ninguno, aunque sea pequeño.

Por eso, cuando te pones metas imposibles, es cierto que el precio es alto, pero la recompensa es tan grande y tan grandiosa que te empuja a atravesar cualquier desierto con tal de llegar a esa Tierra prometida.

Aprendí esto y comencé a pensar más en grande, soñar en enorme, creer en una vida superior. Con esa visión, solo tenía que tomar una verdadera DECISIÓN de si estaba dispuesto a pagar el precio o no.

Lo pagué. Hice lo que fuera necesario, porque mis sueños no eran negociables, y entonces, y solo entonces, la vida me sorprendió.

Me sorprendió dándome mucho más de lo que esperaba. Me premió de sobremanera y me hizo creer cada vez más y más y más en mí, porque entendí que todo lo que necesitaba ya estaba en mi interior.

Esto es lo que Julieth va a mostrarte, un camino más angosto, más estrecho, más solitario, pero que te lleva a tu mayor bendición.

Sin importar tu pasado, hay un futuro prometedor esperando por ti.

¿Te atreves?

Estoy deseando que comiences la lectura y que apuestes por ti en serio, de verdad, aunque sea por primera vez en tu vida. Date la oportunidad.

¡Por tu LIBERTAD!

LAIN, autor de LA VOZ DE TU ALMA.
www.lavozdetualma.com

Las personas que lo leen opinan que...

Me gusta leer historias reales, de gente real que lucha, que tropieza y vuelve a levantarse aun con más fuerza. Haz caso a Julieth… párate a pensar y contágiate de la energía que una luchadora como ella derrocha… porque, ¡¡¡tú también te mereces lo mejor y no debes conformarte con menos!!!

Garazi Hortelano, abogada.

Hermosa Julieth, he sentido que has abierto una puerta para buscar la libertad que nuestra alma ansía. Estas paginas me han llenado de energía, de luz, bondad y dulzura que deben ser tu esencia.

Nuria Collell Olucha, trabajadora de luz.

¡Creo en los sueños! He pensado que lo que una persona debería tener a su lado, es un libro como este; una guía de sueños alcanzables… Julieth, lo ha escrito mediante su experiencia personal. Te guiará para encontrarte con esos sueños, que nos están destinados, para hacerse realidad.

Isabel Aznar, autora de Maribelula.

Totalmente recomendable, sin duda un ejemplo de superación que hace despertar en ti la realidad de que todo es posible.

Lidia García, autora de El diario dorado de tu vida.

Julieth es capaz de introducirnos en su historia, casi sin darnos cuenta. Al leer su libro he sentido su vulnerabilidad y me ha llegado al corazón cada una de sus experiencias. Esta mujer valiente nos transmite un mensaje de superación y fuerza. La pregunta que nos deja en el aire: ¿Qué es lo que realmente quieres? Espero que lo descubras leyendo su libro.

Pilar Gómez Suárez, autora de Tus tesoros de luz.

Julieth, tu libro es la historia que muchas mujeres pasan y no se atreven a contar. Es la vida misma, con sus alegrías y tristezas, donde te enseña que lo mejor y más valioso está en el interior. La fuerza y la emoción van unidas para enfrentar el mundo con decisión. El universo le regaló el motor de su vida para que descubriera lo que vale realmente. Gracias por regalarnos esta lectura.

Martha de Armas, autora del *bestseller*

Brillar está en TI.

Me encantó leer este libro, ver cómo Julieth cuenta, a través de su historia que ella quería un cambio en su vida, confió en ella, comenzó a amarse a sí misma y la magia surgió. La vida es maravillosa, no pierdas el tiempo en lamentarte sino en tomar las riendas de tu vida.

Chus Maroto autora de

La maternidad tiene un nombre: Mamá.

Julieth nos ayuda, a través de su libro, a mejorar en las diferentes facetas de nuestra vida y a conectar con una de las cosas más valiosas que tenemos: nuestros sueños. Siempre te hace reflexionar sobre qué es lo que tú realmente quieres y te recuerda que lo que creemos que es «imposible» podría estar esperándote a la vuelta de la esquina si decides ir a por ello. Julieth, con su historia, nos demuestra que somos nosotros los creadores de nuestra vida, pues si tienes fe... ¡¡¡nada nada es imposible!!! ¡Gracias, Julieth, por tu ejemplo! Me encantó leerte.

Diana P. Morato, autora de *La magia de escucharte*.

«La FE es la certeza de lo que se espera, la convicción de lo que no se ve.»

Hebreos 11:1

Introducción.

De pequeña soñaba con cosas mágicas y maravillosas, a medida que fueron pasando los años esos sueños se fueron desvaneciendo poco a poco.

Pero en el fondo de mi alma quedaba un halo de cada uno de esos sueños.

Hasta hoy, no era consciente de que siempre había soñado con una vida extraordinaria, pensaba que era muy ingenua y poco realista por soñar cosas que tal vez no estuvieran a mi alcance.

La realidad era que no sabía qué camino tomar para llegar a esa vida, pero tampoco tenía claro el lugar donde quería llegar.

Si no sabes esto, ¿cómo se puede llegar a algún sitio?

Mientras haya un halo de fuego que encienda esos sueños, el mundo (universo, Dios) moverá piezas para ver cómo esos sueños que hay dentro de ti cobran vida.

Si eso pasa, entonces te pondrá a prueba para ver que tan cierto y que tan dispuesto estás para materializar esos sueños que tienes en tu cabeza, aquellos que tal vez tú tan solo sabes, porque te parecen tan irreales que piensas que no son posibles.

La vida me ha enseñado que *«**imposible**»* es solo una palabra que está en el diccionario.

La pregunta es:

¿Esa palabra está en tu diccionario?

Hace ya algún tiempo, revisando mi diccionario, me di cuenta que es esa palabra no existe.

Hoy veo que la llama que tienen mis sueños, se encendió hace algún tiempo y no para de dar fuego y susurrarme cosas irreales que a ojos de la sociedad actual son imposibles.

No hay sueños que en esta vida no se puedan materializar, estoy completamente segura de ello.

Solo te hace falta sentir ese halo para que te guíe a el mejor camino, hacia ese lugar maravilloso de esos sueños que solo tú sabes, porque eres incapaz de contarlos para que no te llamen loco.

Déjame aclararte una cosa, los únicos que materializan sueños (vidas extraordinarias, parejas maravillosas, familias increíbles, situaciones económicas abundantes) son aquellos a los que la sociedad llama locos.

Antes de empezar este libro pregúntate qué es realmente lo que quieres. Cuando empieces este libro, vuelve a hacerte esa pregunta, cuando vayas por la mitad hazte de nuevo la pregunta y cuando termines el libro hazte la pregunta.

Hazte esta pregunta siempre, hasta que obtengas la respuesta y luego busca ese mapa que te lleve por la mejor ruta posible para materializar esos sueños.

Sueña en grande, sin importar quien te vea y quien no esté de acuerdo.

No te conformes con menos de lo que te mereces porque Dios (el universo, el mundo) es generoso con aquellos que son fieles a lo que sienten.

¿Qué clase de vida quieres vivir?

¿Por qué te hago esta pregunta? Porque me di cuenta que la gente desea lo que la gente de vidas extraordinarias tiene, pero no son capaces de luchar para tenerla.

Yo he abierto una puerta en mi mundo donde lo que me pasa lo he soñado antes, incluso aquellos sueños que he sido incapaz de contar por miedo a que me llamasen loca (bueno más de lo que me llamaban).

Por lo que te digo, de todo corazón, que la realidad supera la ficción cuando decides no hacer caso más que a esa voz que susurra en tu interior y a esa llama que arde dentro de tu corazón.

Lo peor que te puede pasar es tener miedo de ti mismo.

Todo en mi vida cambió el día que empecé a conocerme a mí misma, a tener esa tranquilidad emocional que todo el mundo quiere.

Cuando decidí solo ser feliz, pasara lo que pasara exteriormente, pero sobre todo, cuando empecé a agradecer por cada una de las cosas maravillosas que la vida me ha regalado y aprendí a trasformar mi oscuridad interna en luz…

Conócete a ti mismo, perdónate, agradece y lo más importante: **¿qué quieres ser?** Y, **¿a dónde quieres ir?**

Aclaratoria antes de empezar:

Antes de entrar en materia te quiero hablar de las etiquetas sobre la fe y Dios. Me di cuenta que mucha gente cuando le hablas de la fe, o de Dios se piensa que estás hablando de la iglesia o de algo por el estilo.

Cada quien cree lo que quiere creer, por eso esta aclaración antes de empezar.

Lo que aquí escribo es mi percepción de la vida y de mi creencia. Yo nací con los principios y la creencia de la iglesia, estudié en un colegio de curas, pero para serte sincera no creo en nada que tenga que ver con ello.

Siempre he creído en Dios (o por lo menos así le quiero llamar yo), da igual como tú le llames. Energía, universo… (sé sincero, sabes que hay algo sobrenatural que existe).

Eso da igual, lo importante no es la etiqueta con que lo llames, lo importante es eso en lo que crees.

En este libro nombro mucho a Dios (porque para mí se llama así), tú sustituye ese nombre por aquel que no te de conflicto al leer.

Lo mismo hago con la fe, porque la gente se piensa que cuando hablas de ello es porque eres un creyente de la iglesia.

Hay una gran diferencia entre ser espiritual y ser religioso, el ser espiritual es estar conectado con tu yo interno, el ser religioso es pertenecer a una religión que no te permite ser tú mismo.

La fe de la cual hablo es de aquella que tienes en eso que no ves y en ti mismo para lograr que aquello que parece imposible sea posible.

Dicho esto, y dándote esta aclaración, deseo que las páginas de este libro te gusten y te ayuden tanto como a mí ya que esta escrito y hecho con mucho amor.

Agradecimientos

Primero que nada, a Dios, por regalarme este don, por inspirarme y por ser mi guía en todo momento.

Él conoce todo de ti y sabe qué ficha mover en tu vida para que sigamos el camino que él ha colocado para nosotros.

Por permitirme poder ayudar a personas a través de mi experiencia.

A mi padre por ser mi villano, mi maestro y mi guía espiritual. Estoy segura que tu alma decidió marchar pronto para que yo transformara mi vida.

Gracias por ser tan generoso, gracias por enseñarme aun cuando no lo veía.

A mi madre por enseñarme lo mejor que se puede enseñar a un hijo, que son los valores y el amor incondicional por la familia, por siempre estar allí aun cuando yo no me comportará de la mejor manera.

A mi hermano el menor por ser mi mejor amigo, por ser ese hombre que me ha enseñado a tener esa parte masculina, a entenderla y aprender de ella, por todo su apoyo con mi hijo porque tomó el rol de padre y tío a la vez, sin desautorizarme nunca. Por acompañarme en este viaje sin juzgar absolutamente nada por muy loco que parezca.

A mi hijo, por demostrarme el significado de amor incondicional, por ser mi gran maestro, por enseñarme que mis miedos no son sus miedos y por ayudarme a demostrarme a mí misma que soy una mujer imparable por el solo hecho de ser madre y padre a la vez. TE AMO.

A ese hombre maravilloso que conocí hace doce años y que me enseñó que el amor existe, que soy merecedora de ello y, por lo tanto, que no me debo conformar con menos de lo que me merezco.

A mi hermano Nano, porque después de diez años sin vernos me ha demostrado que el amor incondicional de la familia perdura a pesar de la distancia y por traer más aprendizaje para mí que he utilizado a la hora de escribir.

A mi prima Fabi y a mi amiga Thais, por permitirme poner en practica todo lo aprendido por mí en ellas, por dejarme ayudarlas a que su vida cada día sea mejor que el anterior y por enseñarme que la mejor manera para aprender es enseñando. Por creer en mí tanto o más que yo misma.

Y a ti, amado lector, te doy las gracias por permitirme enseñarte que todo en la vida es posible, que todo tiene una razón de ser, aunque tú no lo veas en el momento.

Por eso estoy totalmente convencida de que si este libro ha llegado a tus manos es porque necesitas saber o creer algo que hay dentro de estas páginas.

Gracias, gracias y gracias.

Os Amo.

1. ¿Quién es Julieth Pareja Rios?

Es una persona común, como tú, que ha tenido un sueño: de pequeña quería ser escritora. Han pasado muchos años y ese sueño fue poco a poco desvaneciéndose, aunque siempre había una voz interior que de vez en cuando lo gritaba poco a poco.

Con el pasar de los años la vida le fue dando giros y la fue moldeando para poder llevar ese sueño a cabo. Los sueños no se hacen realidad solo tienes que trabajar para que ellos se cumplan.

Cuando vi la oportunidad ni me lo pensé, no sabía cómo lo iba hacer, pero sabía que no estaba dispuesta a no cumplirlo, porque eso significaba tener una vida de infelicidad.

He tenido que tener mucha fe en mí misma, sin importar mi entorno, ni las circunstancias y gracias a eso este sueño se ha cumplido.

Tengo que decir que a medida que cumples sueños tu mente se va abriendo, lo que hace que cada día sueñes más alto.

Este no es un libro sobre crecimiento personal, es una guía de cómo yo he ido superando poco a poco cada uno de mis obstáculos para poder llegar donde hoy estoy.

Mi idea con este libro es ayudarte en esa búsqueda de ser tú mismo, de tu ser interior, a través de mi experiencia, enseñarte que nada es imposible seas quien seas.

Este no es un sueño cumplido, es el principio de una vida diferente a la que hasta ahora he vivido.

De antemano tengo que decirte que, si quieres cumplir un sueño no será fácil, pero no hay nada imposible si tienes fe. Porque todo empieza y acaba en ti siempre y cuando no te conformes con menos de lo que te mereces.

Antes que nada, me gustaría hacerte un resumen de mi historia y más adelante te desglosaré cada parte, con el aprendizaje que he tenido.

2. Mi historia:

Soy venezolana, hija de padres colombianos, soy la mayor de tres hermanos, pero la tercera por parte de padre. Mi madre viene de una familia muy religiosa, por lo que nos crio con esos principios y muchos valores. Ellos desde muy jóvenes fueron a Venezuela a trabajar para tener una mejor vida para ellos y para poder ayudar a mis abuelos.

Desde pequeña soñaba con que mi vida fuera diferente a la que vivía, había muchos problemas económicos y también muchos problemas familiares.

Mi padre tenía un grupo de música, hacía mucha vida nocturna y era muy mujeriego. De hecho, mis dos hermanos menores se llevan cuatro meses, son de diferentes madres. Eso me llevó a tener claro lo que no quería en mis relaciones.

Sus problemas de pareja me hicieron empatizar mucho con mi madre por lo que, sin darme cuenta empecé a crear un rencor inconsciente hacia mi padre, sentía que no quería ni a mi madre ni a mí.

Eso hizo que me encerrara en mi mundo, aislándome de mi entorno y cerrando mis sentimientos y mi corazón. De hecho, mi madre me decía, cuando era adolescente, que no tenía corazón porque no se acordaba de la última vez que me vio llorar. Me fui haciendo más dura conmigo misma pero también me hizo pasarlo mal porque no sabía cómo expresar mis sentimientos.

Cuando tenía veinte años quedé embarazada, mientras estudiaba en la universidad, fue muy duro porque mis padres tenían muchas expectativas en mí, ellos querían que yo fuera lo que ellos no pudieron ser.

Pensaba que decepcionaría a mis padres, pensaba en el qué dirán, se me vino el mundo encima, me entró depresión, me encerré aún más en mi mundo, no veía la luz, así que, me pasaron muchas cosas por la cabeza.

No llegué a hacer ni una de ellas porque desde pequeña he creído en eso que llaman presentimiento y tuve varios de ellos, algunos en forma de sueños que me llevaron a tomar solo una decisión, hacer frente a la situación a pesar de las circunstancias, asumir las consecuencias de los actos y enfrentar a mis padres.

Cuando se enteraron en mi casa, la primera reacción de mi madre fue: te casas con ese chico, pero yo tenía muy claro lo que quería y no quería un matrimonio a la fuerza, así que saqué coraje y le dije que no lo iba hacer.

En ese momento ella no entendió por qué yo quería ser madre soltera con veinte años, si ella me daba la posibilidad de que me casara con el padre de mi hijo y ella me ayudaría a comprar una casa para que así mi hijo tuviera un padre y una familia.

No sabía cómo era ser madre, mucho menos madre soltera, pero fui fiel conmigo misma y con lo que quería. No fue fácil pero hoy mi hijo tiene diecisiete años y estoy orgullosa del hijo que tengo y de haber tomado esa decisión en ese momento.

Quería una vida mejor de la que tenía y soñaba con una familia mejor. No me lo tomes a mal, no me quejo de la familia que tengo, amo mi familia y de hecho soy muy familiar, pero quiero una relación y una familia extraordinaria, por lo que no me quiero conformar con menos de eso.

En el año 2003 mi madre, por tantas deudas y ya separada de mi padre, pensó en irse a otro país, España concretamente y, aunque le pesaba separarse de sus hijos, sabía que tenía que sacrificar algo por un futuro y una vida mejor.

Así que, en menos de dos meses se puso manos a la obra y tomó la decisión más difícil para una persona que emigra, irte a un lugar lejos de tu familia, sola y sin saber a qué vas.

Después de estar bien establecida en ese país, me empezó a insistir para que me fuera con ella, pero para ser sinceros yo antes sufría de lo que mucha gente sufre, miedo a lo nuevo, a lo desconocido y a salir de tu zona de confort.

Mi madre lo intentó por todos los medios, pero mi miedo era mucho más fuerte. Irte a otro país muy lejos de tu familia, amigos y gente que amas no es nada fácil, pero es aún más difícil cuando estás lleno de miedos internos que no te permiten avanzar y que te dan las justificaciones necesarias para decidir no hacerlo.

Pero Dios es sabio y si tú no tomas la decisión él te empuja a que la tomes.

Pasado un tiempo mi hermano el menor, al que estoy muy apegada, fue más valiente que yo y decidió irse con mi madre. Mucha gente dijo: «Ahora que tu hermano se va, te vas tu también», y yo por supuesto lo negué rotundamente.

Yo había decidido que no, así que no pensaba cambiar de idea. Cuando mi hermano menor tomó la decisión, mi hermano el que me sigue a mi también decidió irse a vivir a Colombia.

Al parecer mis hermanos menores, cada uno por su lado, habían tomado la decisión de seguir un camino diferente y arriesgarlo todo por algo desconocido, pero yo quería seguir en mi zona de confort, atada a un amor que no estaba conmigo y atada a una vida normal pero que no me gustaba nada.

Fue un año un poco duro porque estaba acostumbrada a que la casa estaba llena de gente, pero también tengo que decir que fue tiempo de pasar un año a solas con mi padre.

Durante este año se limaron algunas asperezas que tenía ocultas en mi corazón, pero todavía quedaban encerradas unas muy profundas.

Luego de un año dándole vueltas a la idea y recordando que yo siempre había querido una vida diferente decidí marcharme a un nuevo rumbo, a pesar de las dudas y mis miedos.

Llegó el gran día en que partía a un nuevo destino, todo parecía ir bien hasta que llegamos a Madrid.

En Madrid me hicieron un montón de preguntas y luego, sin dejarme decirme nada más, me llevaron a un sitio que parecía una pequeña pensión.

No podíamos hablar con nadie, solo había un teléfono para comunicarnos con algún familiar, pero nuestros familiares no podían hablar con nosotros.

Al cuarto día avisé a mi madre, con mucho dolor, me iban a regresar a mi país.

Estaba llena de sentimientos extraños y tenía mucha nostalgia, pero como siempre piensa una mente pobre, pensé: «Será que no me conviene venir aquí, he tomado una mala decisión, o mi destino está en Venezuela».

Llegamos a Venezuela junto con otras diez personas a las cuales también regresaron, cada uno con una historia diferente a la mía. Alguien miró su pasaporte el cual nos entregaron en Venezuela porque cuando nos retuvieron en Madrid no los quitaron. Después de que cada uno mirara su pasaporte había algo muy pero que muy extraño y raro, todos los pasaportes tenían el sello de entrada a Madrid menos el de mi hijo y el mío.

¿Qué posibilidades hay de que, de diez o más personas que estábamos allí, solo dos pasaportes no estuvieran sellados?

Según lo que sabía con un pasaporte sellado no podías volver a ese país porque era indicio de que te habían regresado y con ese mismo pasaporte no podías volver.

Tenía una extraña sensación que cada vez iba a más. Por la noche llegó mi padre de trabajar, un poco bebido y me enfadé mucho con él, él no podía beber porque sufría del corazón.

Pero creo que estaba más enfadada con mi vida y conmigo misma, mi padre fue directamente a darle un beso de buenas noches a mi hijo y a decirle lo mucho que le quería. Me fui a la cama enfadada con él y con el mundo.

Al día siguiente algo extraño pasó, mi padre se levantaba muy pronto y yo me despertaba con el olor del café que él hacía, ese día no fue así. Ese día me cambió el mundo y la visión cómo lo veía. Cuando fui a ver por qué mi padre no se había levantado me lo encontré muerto en la cama.

No paraba de pensar en la noche anterior, no podía llorar porque mi hijo sufría al verme llorar, me sentía culpable y creo que en ese momento me empecé a odiar. Luego entendí que las casualidades no existen, por qué mis pasaportes no estaban sellados y por qué no pase de Madrid, porque tenía que estar en Venezuela.

En medio de todo dolor tenía quince días para conseguir el dinero para viajar de nuevo. Pasaron los quince días y ya tenía de nuevo un pasaje a España, pero esta vez no cabía la posibilidad de un regreso, ya no tenía casi nada que me atara para volver, quería un cambio radical y había empezado sin que me diera cuenta.

Pasaron años y ya en España, no había un día en que me odiara por no haberme despedido de mi padre, por mi ego y mi mal carácter.

Tuve que aprender el significado del perdón porque ese dolor no me dejaba avanzar. Pasaban los años y sentía que tenía muchas cosas materiales y no era feliz a pesar de que siempre tuviera una sonrisa en la cara.

Un día, en una reunión familiar, me di cuenta que internamente no estaba bien (en ese momento tenía un trabajo que no me gustaba nada, estaba cansada de estar allí, del jefe que tenía y de la gente que me rodeaba). Esa reunión era para mi uno de los placeres de mi vida porque estaba con mis amigos y familia disfrutando del momento, pero yo no estaba allí, fui consiente que no era feliz, me sentía perdida.

Empecé a leer libros que me hicieron recordar esos sueños que tenía aquel día cuando tomé la decisión de cambiar de país para un futuro mejor para mí y para mi hijo, y me hizo comenzar esta búsqueda inalcanzable de una respuesta a algo que para mí todavía era una incógnita. ¿Quién era yo y a qué había venido a este mundo?

Esa búsqueda de mi misma me hizo encontrar el mejor de los caminos y conectarme con el sueño que tenía de pequeña, que era escribir un libro.

El perderme y preguntarme a qué he venido ha sido lo mejor que me ha pasado porque he conectado con ese yo interior y me he hecho consciente de que la vida no es lo que nos han contado sino la capacidad que tienes de soñar.

3. Mi hijo, mi mejor maestro.

Aquí tienes algunas cosas que aprendí con mi hijo que me encantaría compartir contigo para ayudarte en el camino de la paternidad.

No te dejes engañar por tu mente haciéndote la pregunta de si lo haces bien o lo haces mal, déjate guiar por tu corazón, se tú mismo, pero sobre todo deja que tu hijo sea él mismo y enséñale a ser feliz porque lo realmente importante en la vida es la felicidad.

Yo esto no lo entendí hasta hace poco y me castigaba cuando mi mente me contaba historias. Luego entendí que en la vida todo es más fácil de lo que cualquier persona puede llegar a imaginar, que la felicidad empieza y acaba en ti y que ese es el mejor ejemplo y el mejor regalo que le puedes dar a tu familia.

La vida es magia, la vida es más fácil de lo que todos piensan, todo está al alcance de nosotros lo que pasa es que es tan sutil a nuestros ojos... Es decir, ves solo lo que quieres ver.

No hay un día en que no le de gracias a Dios por darme la oportunidad de ser madre, creo que es lo más bonito y maravilloso que le puede pasar a una persona. Claro que hay etapas que son más duras que otras.

Aquí quiero hacer mucho hincapié en algo, cuando quede embarazada lo que me preocupaba era que tenía veinte años y no me sentía preparada para criar un hijo, para mí siempre ha sido muy importante el criar un hijo, no estamos hablando de cualquier cosa, estamos hablando de una pequeña personita que va a crecer y luego será un hombre. Por mi experiencia como hija mayor sabía que la educación es muy importante.

No es llevarle a la escuela y que aprenda todo lo que no sabe, los valores son lo más importante, pero eso se enseña en casa.

Desde muy pequeño le enseñe a ser muy independiente y muy maduro. El que diga que ser madre soltera es fácil miente, pero si algo me ha enseñado la vida es a ver solo lo positivo de la situación, muchas veces me sentí sola, aun cuando tenía a mi familia al lado.

La primera vez que mi hijo me preguntó por su padre tenía nueve años, le dije lo poco que se le pueda decir a un niño para que entienda la situación y ese día me demostró que los niños son niños, no tontos, y que ellos ven las cosas de una manera más simple que los adultos.

El adulto se complica mucho con todo y ellos son claros. Cuando finalicé de explicarle la situación le dije: «Si le quieres conocer podemos ir a Venezuela y te llevo a su casa para que le conozcas». Su respuesta fue clara: «Te he preguntado quién era no que lo quiero conocer».

Cada vez que le negaba algo a mi hijo o le castigaba le hacía ver por qué motivo le castigaba, le decía lo que había hecho y le decía: «Sé sincero contigo mismo y dime si te mereces o no el castigo».

No es solo castigarlo sin más, es hacerle ver que no le estás castigando sin razón.

Cuando mi madre no me dejaba salir no me daba el motivo por el cual no podía salir y eso me daba mucha rabia, así que, siempre le iba a decir a mi hijo los motivos por los cuales le castigaba.

Un día mi hijo cogió la bici para ir a casa de mi madre y tenía que pasar una carretera, así que, como siempre, le dije que tuviera mucho cuidado. Cada vez que se lo decía se iba y tan tranquilo, o eso pensaba yo, pero ese día se regresó, me miró y me dijo: «Mamá, no me digas que tenga cuidado porque cada vez que me lo dices voy con miedo y cuando no me dices nada voy seguro».

Mi hijo me acababa de dar otra gran lección, sus miedos no son los míos y cuando le decía los míos le creaba inseguridad a él.

Cuando eres padre tus otras áreas pasan a un segundo plano, toda tu atención se vuelca en tu hijo y aunque pasen los años siempre va a ser tu máxima prioridad.

Cuando eres madre soltera tienes una doble tarea y tienes que hacerlo lo mejor posible para que tu hijo no sienta esa carencia (aunque desde mi punto de vista siempre va a haber un pequeño agujero que no puedes llenar), pero sí puedes hacer todo lo posible porque ese hueco sea muy, pero que muy pequeño.

Un día discutiendo con mi hijo, ya siendo adolescente, le dije una frase que siempre le decía: «No pienso permitir que mis sacrificios contigo se vayan a la basura porque tú no quieres estudiar, y mucho menos que te pierdas siendo un donnadie o cojas algún vicio». Su respuesta me dejó pálida y me hizo darme cuenta del error que estaba cometiendo al gritarle mis miedos.

Me dijo: «Mamá, cada vez que me dices eso me haces pensar que he sido para tu vida un error del cual estás arrepentida, siento que te he quitado parte de tu vida».

Me quedé muda, nunca mis intenciones fueron hacerlo sentir como si fuera un error para mí. Es cierto que quedé embarazada con veinte años y que me tocó asumir la responsabilidad de ser madre y padre a la vez, pero nunca me he arrepentido de lo que ha pasado, de ser madre, de sacrificar mi juventud para trabajar y dedicarme a mi hijo.

Por ese motivo hay que ser consciente de lo que decimos, para que ellos no mal interpreten lo que queremos trasmitir. Creo que esto también lo podemos aplicar con otras personas, porque muchas veces decimos cosas que son mal interpretadas. Es importante que los niños crezcan felices y asumiendo ciertas responsabilidades para hacerlos adultos felices y una mejor sociedad.

Ahora, que es adolescente, intento entenderlo lo mejor que puedo, me acuerdo mucho de mi adolescencia y lo que pensaba yo en ese momento. Es muy fácil hacer juicios porque tú eres adulto y sabes cómo es la vida olvidando tu pasado. Tu pasado ha sido tu aprendizaje, no lo puedes olvidar pase lo que pase.

Tu hijo tiene que ser lo más importante, aparte de ti mismo y no de cara al público o a la sociedad. A nadie más que a ti le importa tu vida y la vida de tu hijo, da igual quién te critique o cómo crías a tu hijo, tú haz que sea mejor persona que tú, que entienda a los adultos, no le consientas tanto porque darle todo lo material crea adultos irresponsables. Enséñale valores y dale toda la confianza del mundo para que, pase lo que pase, allá afuera él sea capaz de contártelo.

A mi hijo siempre le he dicho que somos un equipo, así que, pase lo que pase allá afuera tienes que venir a contármelo, aunque sepas que te has equivocado, porque soy la persona que más te ama y la única que te va a entender, aunque te hayas equivocado.

Pero también le he dicho siempre que los adultos merecen respeto, las personas mayores merecen respeto, a las mujeres ni con el pétalo de una rosa, y todo se arregla hablando, pero sobre todo que tiene que ser responsable de sus actos.

4. Las decisiones son las que rigen tu destino.

Cada una de las decisiones que tomas en la vida te lleva por un camino o por otro, en mi caso me llevó a ser madre soltera.

¿Te has dado cuenta de lo importante que es la toma de decisiones en la vida?

Yo no era consciente de ello hasta hace unos años atrás. Vamos por la vida tomando decisiones tan a la ligera, sin darnos cuenta que cada decisión en la vida genera una consecuencia, es decir, toda causa tiene un efecto.

Hace años tomé una de las decisiones más importantes de mi vida y eso hizo que yo siguiera por un camino totalmente diferente al que tal vez podría haber seguido.

Tenía veinte años cuando quedé embarazada, estaba estudiando en la universidad por lo que no solo era un bebé en mi vida, también significaba dejar la universidad para dedicarme a mi bebé y trabajar.

Cuando se enteraron en casa de lo de mi embarazo mi madre lo primero que me dijo fue: «Te casas», pero yo lo tenía claro, no quería tener una relación familiar como la que ella tenía. Yo amo a mi familia, pero vi sufrir demasiado a mi madre por mi padre, mi padre fue un hombre muy humilde pero también era muy mujeriego.

Mi madre había tomado la decisión de quedarse con mi padre, a pesar de todo lo que sufría ocultando el valor de dejar a mi padre tras la excusa de sus hijos. Hasta que un día, mi hermano menor, con nueve años le dijo: «Yo creo que es mejor que se separen».

¿Cuántas veces has escuchado a alguien quejarse de su relación de pareja y decir que no puede dejar a su pareja porque sus hijos sufrirían?

¿De verdad te estás contando esa historia?

Déjame decirte que yo, como hija de padres separados, puedo decir que le estás haciendo mucho daño a tus hijos, porque los niños son uno más, pero con menor edad que la tuya.

Los niños lo ven todo más fácil, ellos son muy simples y son muy inteligentes y a medida que van pasando los años son mucho más listos. Te digo con mucho conocimiento de causa, que estás haciendo sufrir a tus hijos al seguir al lado de alguien a quien no amas.

Yo esto lo tenía claro, no pensaba criar a mi hijo en un entorno hostil como el que yo crecí, así que cuando mi madre me dijo: «Te casas», se lo dejé muy claro: «No lo pienso hacer». En ese momento ni le di mis razones, no era necesario hacer sufrir a mi madre.

Ya era suficiente con haberle roto la ilusión de las expectativas que tenía sobre mí. Más adelante te hablaré de las expectativas.

Yo tuve el valor de decir lo que quería en mi vida y el padre de mi hijo también lo hizo.

Él decidió no hacerse cargo de él, ni de conocerle. La verdad es que lo siento por él porque sé que en algún momento le habrá pesado no verle nunca. Aun así, jamás le hablé mal a mi hijo de su padre porque, *¿quién soy yo para influir en que mi hijo quiera o no saber de su padre?* Eso es decisión de mi hijo.

He visto madres y padres que hacen todo para que los hijos odien a su expareja, o intentan comprar a los niños con regalos. Y allí son los niños los que se aprovechan de sus padres y también le sacan partido, aunque en el fondo lo único que quieren es ser feliz.

Es muy importante lo que le decimos a nuestros hijos, las palabras que utilizamos para dirigirnos a ellos. Es importante tomar conciencia del vocabulario que usamos hasta con nosotros mismos.

Hay que aprender a cultivar la seguridad hacia nosotros, para poder hacerlo con nuestros hijos porque la mayoría del tiempo nosotros mismos somos nuestros propios enemigos y lo que tú crees para ti le trasmites a tus hijos.

Desde que mi hijo estaba muy pequeño cuidaba las palabras que le decía, también le daba la posibilidad de expresarse, pero sobre todo, creé mucha confianza entre los dos.

Yo, por horarios de trabajo no tenía mucho tiempo con mi hijo, pero sí tuve presente que el tiempo que estaba con él era tiempo de calidad. No es necesario que pases todo el día con ellos, ellos también necesitan su tiempo para ser ellos mismos.

Tampoco te puedes mentir a ti mismo diciendo: «Paso toda la tarde con él», cuando eso significa que tú estás en tu mundo y tu hijo en el suyo, eso no es tiempo de calidad.

Pero lo más importante que he hecho, desde que tengo conciencia, es aprender de mis errores, ser la mejor versión de mí misma cada día y sacar el aprendizaje de todo.

Me ha costado mucho llegar al momento donde estoy ahora, al principio pensaba que era un trabajo complicado, eso me solía decir mi mente. Me decía: «No es fácil, es complicado, tal vez no te mereces maravillas, ¿quién eres tú para pedir esto?, ¿quién eres tú para ser feliz?

De hecho, hubo un tiempo que pensé: «¿Cómo voy a conocer a alguien siendo madre soltera?» Pero esto es otro tema.

Todas estas preguntas las he tenido en mi mente y supongo que en la tuya también habrá. Pongámosle un nombre, uno que escuché de una escritora que me gusta, Bettina Belitz, *Los ladrones de sueños*.

¿*Cuáles son los tuyos?*

Seguro que tienes un montón.

Enumera por lo menos diez y reconócelos.

-
-
-
-
-
-
-

-
-
-

La mente se encarga de eso, de mantenerte en el sitio en el que has estado para que supuestamente no sufras. La realidad es que si no aprendes a dejar de escuchar a cada uno de esos ladrones nunca vas a lograr nada de lo que realmente anhelas.

A mí me etiquetaron con que era rara, con el paso de los años lo seguí siendo y hoy en día algunas personas también me lo dicen.

Sinceramente, hubo momentos donde quería encajar y lo pasaba mal porque era diferente. Hoy en día estoy orgullosa de ser distinta, de ser diferente y no encajar muchas veces, porque gracias a eso hoy soy quien soy, hoy estoy en un camino maravilloso, haciendo algo que amo de verdad, he aprendido a ser feliz a pesar de los problemas, porque problemas siempre hay.

Y gracias a eso voy camino a mi éxito.

Y aquí me gustaría preguntarte:

¿Qué es el éxito para ti?

Creo que hace dos años alguien me preguntó esto y no supe responder a esa pregunta porque pensaba que el éxito era tener dinero, tener una casa, un coche, en fin, todas las cosas materiales que me hacían falta. Estaba equivocada.

Hoy sé que el éxito para mí es ser mejor que mí misma cada día, es ser feliz sin motivo, es bailar en la calle cuando escuchas tu canción favorita y que no te importe que la gente diga que estás loca porque tú estás feliz.

El éxito para mí es desentonar en cualquier sitio.

¿Para qué quieres ser igual que el resto, si el mundo allá afuera es horrible?

La mayoría de la gente está amargada y si tú vas con una sonrisa en la cara la gente te ve muy raro. A mí me causa mucha risa porque te ven como de otro planeta.

Te tiene que importar muy poco todo lo que la gente diga de ti, siempre desde la humildad de ser tú mismo y no desde la arrogancia.

Y aquí me gustaría darte el verdadero significado de humildad, porque la gente confunde esta palabra.

Humildad: La humildad es la virtud que consiste en conocer las propias limitaciones y debilidades y actuar de acuerdo a tal conocimiento.

El ser humilde es ser tú mismo, desde el amor y el cariño hacia el mundo, pero sin ser tonto.

Ser humilde es amarte con tu luz y con tu sombra. No es sinónimo de dejarte pisotear, pero sí ser sincero contigo mismo y saber que tienes que pedir perdón si te has equivocado. No por eso la gente te tomará como fracasado o como el ser tonto, porque el pedir perdón es de gente sabia y valiente, los cobardes no saben el significado del perdón, sino el de la arrogancia.

Y como estoy hablando de los hijos me gustaría decirte que no importa si eres padre o madre, si te has equivocado con tu hijo y te has dado cuenta, ve y pídele perdón. Enséñale a tu hijo que nadie tiene la verdad absoluta.

Hay padres que se creen que por ser padres sus hijos tienen que hacer lo que ellos dicen sin importar si eso les hace daño.

Te quiero contar una anécdota: hubo un tiempo que mi hijo se empezó a comportar muy mal y me decía muchas mentiras por lo que no le creía cada vez que me decía algo. Un día me dijo algo a lo que no le creí y le grité y le llamé mentiroso, pero luego me enteré que lo que me había dicho era verdad. Así que, fui directamente donde él y le dije: «Lo siento mucho, sé que me has dicho la verdad pero no te creí porque me has dicho muchas mentiras, así que, no me mientas más para que yo confíe en ti y tú no te sientas mal cuando yo no te crea en algo que es cierto».

Una de las cosas más difíciles es saber pedir disculpas cuando te has equivocado, *y si tú no sabes hacerlo, ¿cómo se lo vas a enseñar a tu hijo?*

¡¡¡Enseña humildad!!!

¡¡¡Enseña verdad!!!

5. Rompe el patrón familiar.

En el momento que tuve el valor de ser madre soltera sin saber cómo criaría un hijo con veinte años, en ese momento rompí el patrón de tener una mala relación familiar y de pareja, como habían tenido algunas mujeres de mi familia, tanto de madre como de padre.

En ese momento Dios fue fiel conmigo como lo fui yo conmigo misma y me mostró el amor de pareja verdadero para que aprendiera que si realmente quería eso no tenía por qué conformarme con menos de lo que me merezco.

Los patrones se siguen familia tras familia hasta que llega alguno y deja de escuchar las voces externas y la de la mente y se preocupa por llevar una vida diferente, escuchando solo lo que le dice su corazón.

Yo, en ese momento, no fui consciente de ello, y no te voy a mentir: no es fácil ser madre soltera, como tampoco lo es ser padres en general.

Así que, no te machaques ni te fustigues, lo hacemos de la mejor manera, pero si quieres dar un buen ejemplo sé la mejor versión de ti mismo cada día, porque tus hijos van a seguir tus pasos.

En ese momento no me preocupé por cómo lo iba a hacer, eso no era importante, lo importante era hacerlo.

¿Quieres que te diga algo?

Las mejores cosas que he hecho en la vida las he hecho sin pensar en el cómo y los resultados han sido maravillosos porque he aprendido que puedo ser lo quiera ser siempre, cuando escuche a mi corazón, porque no he escuchado a esos ladrones, ni a las voces externas que me decían por aquí sí, por aquí no.

Y te está hablando alguien que antes tenía una identidad creada por el resto de las personas, solo de vez en cuando salía a la luz mi verdadero yo. Creo que ni yo misma me conocía.

En este largo camino de ser yo me di cuenta que he tenido que desaprender todo lo que sabía para poder aprender bien y así convertirme en mí misma y no en esa figura creada por mis familiares y amigos.

Porque tu entorno te va moldeando como si fueras una figura de barro, por eso, a veces, los adolescentes dejan de ser buenos para empezar a ser alguien que realmente no son, solo por encajar.

Y te lo digo porque es algo que he podido experimentar con mi hijo.

Mi hijo ha sido mi gran maestro, con él he aprendido que mis miedos no son los suyos, que el entorno te moldea a su antojo y que, si no hay buenas bases en el hogar familiar, por mucho que falte la figura paterna o materna, lo que más amamos se nos puede ir de las manos. Él ha sido mi gran espejo.

Cuando estaba embarazada de muchos meses hice un curso de psicología que iba desde cómo iba a ser el parto hasta las primeras bases para ser madre, allí me quedé con muchas cosas que dijo la psicóloga.

Una de ella es crear a tu hijo una responsabilidad desde pequeño, enseñarles que ellos tienen voz y voto, pero nunca más que tú y, jamás, jamás le des todo lo material. Enséñales a negociar, aunque la última decisión la tienes tú, pero enséñales que siempre vas a escuchar su opinión porque eso para ti es importante.,

Te voy a contar algo, tengo un hijo maravilloso que, ya escribiendo estas líneas, tiene diecisiete años, es un niño muy bueno y educado y del cual estoy sumamente orgullosa.

Hubo un momento, los dos primeros años de la adolescencia que lo pasé muy mal, cuestionándome si había sido buena madre, pero no era más que una etapa.

Yo pensaba: «¡Yo sé lo que tengo sin importar lo que digan allá afuera de él! Y sé que tiene buen corazón, que me escucha y también sé que con amor todo se puede».

Y aquí quiero ser un poco dura contigo, mi querido lector, el amor no es intentar por todos los medios no sufrir tú. Tienes que ser muy sincero contigo mismo en la vida, porque nuestros ladrones de sueños nos suelen decir miles de cosas para que nuestros hijos no sufran y la verdad del asunto es que solo lo estás haciendo por egoísmo propio, la verdadera intención es que lo haces por no sufrir tú porque el sufrimiento de ellos es el tuyo.

Y esto nos lleva a cometer muchos errores que no nos duelen sino cuando ellos ya son adultos porque por no verlos sufrir cuando pequeños les apruebas cosas que a la larga te hacen sufrir de verdad y lo peor es que les hace más daño a ellos.

Cuando mi hijo entró en el instituto se empezó a comportar de una manera que no era normal, creo que a muchos padres le ha pasado con sus hijos.

En un momento me empecé a preguntar si me lo habían o no cambiado y en una ocasión que le expulsaron, por segunda vez, salí directamente de allí con él y me fui a pedir cita al psicólogo. En ese momento me repetía a mí misma: «Lo has hecho mal, me cuestionaba todo como madre».

Después de dos meses y medio el psicólogo me dijo estas palabras: «Tu hijo es adolescente y está pasando por un proceso que hay que entender», y le dio de alta.

En ese momento yo estaba pasando por un problema de identidad muy grande, me empecé a plantear que, si yo ya siendo mayor de treinta me sentía perdida y sin saber quién era, ¿cómo mi hijo se iba a comportar de la manera que yo esperaba?

Entonces empecé una búsqueda que era importante en ese momento, el de saber realmente quién era yo y qué había venido a ser. Había escuchado en alguna parte que si tú cambias tu mundo cambia y lo he podido experimentar.

Así que un libro me llevó a otro y poco a poco fui entrando en el camino en el que estoy hoy en día, que es el ser quien verdaderamente debía haber sido siempre y así poder ser la mejor guía para mi hijo. Pero sobre todo he aprendido a ser realmente feliz y a quererme yo misma.

Los valores son importantes en una educación y son las bases fundamentales para que tus hijos sean realmente felices, porque el crear falsos valores no te lleva a nada bueno y todo es un conjunto.

Te llevan a crear una falsa identidad en la que muchas veces no escapas de ella y eso te lleva a llevar una larga vida de insatisfacción, amargura e infelicidad.

Si en este momento te sientes perdido te digo ¡muy bien!, date una palmadita en la espalda y agradece porque, aunque ahora no sepas quién eres, vas por buen camino porque para encontrarte primero tienes que perderte.

Y créeme, encontrarte es el mejor regalo que puedes tener en la vida, saber el verdadero significado del despertar de la conciencia.

Para ello me gustaría recomendarte lo que yo hago cuando leo un libro, subraya cada cosa que te resuene de este libro, repásalo cada vez que puedas y pide ayuda a tus guías espirituales o a tu yo interno. Cada que vez que tengas dudas, confía en tu corazón y en tu intuición, coge una libreta y escribe todo lo que te resuene de este libro.

Lo de los guías espirituales te lo explicaré más adelante si no lo conoces.

6. Expectativas.

Las expectativas, normalmente, vienen de la mano con el apego de una manera algo escondida.

¿Por qué digo esto? Porque cuando tienes expectativas te estás apegando a ese alguien o ese algo según las creencias que tú tienes. Con lo cual, esto tendrá tendencia a desilusionarte y hacerte sufrir.

Normalmente, nuestro principal apego es de los padres a los hijos. Porque tenemos miedo a que ellos sufran porque a nosotros su dolor nos afecta más que nuestro propio dolor.

Esto, que es algo inconsciente, no es más que una simple trampa de nuestra mente para no sufrir nosotros.

De allí la sobreprotección de algunos padres a los hijos. Sin darnos cuenta que en realidad le estamos haciendo más daño del que tememos que tengan, porque no les estamos dejando aprender de los desafíos que tiene la vida para poder avanzar en ella.

Por lo que cada vez que tú tienes expectativas hacia alguien o algo, terminarás por sufrir porque las expectativas solo son una visión de tu mente que no es la realidad.

Un ejemplo fácil de expectativas es cuando llegamos a adultos y no hemos podido cumplir un sueño, ese sueño no desaparece, está allí con una pequeña intención escondida de que cuando tenemos hijos nuestros hijos puedan cumplir esos sueños que nosotros no pudimos.

Otro claro ejemplo es cuando conoces a alguien que te gusta, tus expectativas van creciendo hacia esa persona, cómo a ti te gustaría que esa persona fuera contigo.

La verdad es que cada quien es como es, pero nos cegamos pensando que esa persona será como cierto ideal que tengamos en mente y cuando nos damos cuenta que esa persona no es como a nosotros nos gustaría que fuera ya no nos gusta tanto.

Mi madre tenía unas expectativas muy altas conmigo, para ella era importante que yo fuera a la universidad y terminara una carrera, luego me casara y tuviera hijos. Tal vez por sentirse orgullosa de que yo realizara ese sueño que ella, por diferentes circunstancias, no pudo realizar.

Yo le rompí esas expectativas en el momento en que salí embarazada, rompí sus sueños y sus ilusiones, las que ella tenía con respecto a mí.

Pero claro, aquí viene la parte difícil porque cada quien vive su propia experiencia para poder aprender en el camino de la vida y subir poco a poco escalones para ir siendo mejor cada día.

7. La vida a través de un adolescente.

Este fue un ejercicio que quise hacer con mi hijo. Le planteé que me respondiera unas preguntas y me dijo que no, pero cuando le dije que pensara en las personas que podíamos ayudar si lo poníamos en mi libro le encantó la idea y me dijo que sí.

De corazón, espero que te ayude porque está hecho con mucho amor.

Yo lo he hecho con la intención de ver qué visión tiene mi hijo de la vida y así saber por dónde poder seguir ayudándolo. Te sugiero que estas preguntas, si no te las has planteado para ti, te las plantees y luego se las hagas a tu hijo.

¿Por qué digo que te las plantees tú primero? Porque yo me he dado cuenta, en el momento en que me he sentido perdida, que si yo me sentía así,

¿cómo iba a influenciar por un camino mejor a mi hijo?

Lain García Calvo tiene una frase que me gusta mucho: «**Tenemos la obligación moral de tener éxito en la vida**». Siendo tu éxito aquello que te hace feliz, ya no por ti sino por tu familia porque créeme, van hacer lo que vean en ti.

Tus hijos y tu familia van a ver que cuando tú consigas sueños para ellos también va a ser posible.

Esto te lo digo con conocimiento de causa porque lo he visto en mi familia y amigos.

Ahora que estoy escribiendo un libro ellos se plantean sueños que quizás antes no lo hacían porque lo veían imposible.

Por eso mi libro tiene este nombre, porque creo de verdad que «*nada es imposible*» si trabajas por tus sueños, y para ello necesitas «*fe*» en ti mismo, para llegar donde quieras llegar.

1.   **¿Qué significado tiene para ti la vida?**

La vida es una oportunidad, una oportunidad que se le ha otorgado a las personas para que ellas, en su libre albedrío, hagan buenamente lo que vean mejor para sus vidas. En mi opinión, cada persona tiene su forma de avanzar en la vida.

2. ¿Qué es el éxito para ti?

El éxito para mí es que cualquier persona alcance su meta y no pare de superarse a sí mismo. Mi éxito seria ser una persona que influya buenamente sobre otros. También pienso que no hace falta ser reconocido para ser exitoso.

3. ¿Qué le dirías a los padres que tienen hijos de tu edad?

Que ellos también han sido niños alguna vez y que los tiempos han cambiado de una generación a otra, no siempre las cosas son iguales. Hay que ser justos y recordar que también fueron adolescentes.

4. ¿Cómo deberían tratarles?

Deberían ser entre una mezcla de sus padres y sus mejores amigos. Que nosotros, como hijos, podamos decirle cualquier cosa sin ningún tipo de vergüenza y que nos hablen claro y sin tapujos, porque he conocido casos en lo que los padres no les dicen las cosas a los hijos porque no tenían la suficiente confianza. Deberían ser más sinceros y no taparnos la realidad porque no siempre es bueno.

5. ¿Cómo deberían ser las relaciones entre padres e hijos?

Abiertas, como he dicho antes, sin tapujos, tanto para los padres como para los hijos. Entiendo que los padres no quieren ver sufrir a sus hijos y no soy quien para decirles cómo criarlos, pero dejen que se equivoquen, que se caigan, siempre apoyándoles, que ellos vean que les vais a ayudar a levantar. Así cogerán confianza, pero si no caen nunca aprenderán de sus errores.

6. ¿Cómo piensa que deberá ser el mundo?

Sé que cualquiera diría que el mundo debería ser completamente pacífico, pero sin personas malas las buenas no destacarían. Simplemente sería todo neutral. Un poco menos de guerras me parecería lo mejor, porque mueren personas que no tienen la culpa de ello.

Atentamente,

Joseus Pareja Rios.

Para finalizar, yo añadiría que la vida es nuestra escuela, a nivel superior y todo incluido, como es el mundo es nuestro aprendizaje.

Por otro lado, leyendo estas preguntas que me ha entregado mi hijo poco antes de finalizar el libro, constato mi teoría de que somos influencia para nuestros hijos. Me queda claro que cada una de mis palabras no han sido en vano y que no se las ha llevado el viento, porque a través de esto me doy cuenta que cada una de las palabras que ha usado mi hijo son dichas por mí para él.

Con amor,
Julieth Pareja Rios.

Tips para una mejor relación y comunicación con tu hijo.

No olvides que la educación de tu hijo empieza por ti así que ten mucho cuidado con las palabras que utilizas desde que tu niño es bebe.

Ten en cuenta que la mayoría de los niños son almas viejas ya han estado ya han estado aquí así que trátalas como tal, que el amor se note en tus palabras, en tus gestos, etc.

- Dale comprensión, dile desde pequeño que puede contar contigo, aunque él tiene que ser responsable de sus actos porque todo tiene una consecuencia.

- Desde pequeño dile que se puede enfadar, llorar y dar amor porque cada uno de esos sentimientos son válidos pero que los deje fluir que no quede en los negativos porque sus consecuencias no son buenas que aprenda a equilibrarlos.

- Enséñale las emociones positivas y dile que las emociones positivas y dile que las consecuencias de reír, disfrutar y ser feliz traen consigo mas ellas (explícale esto bien porque las negativas tan traen mas negativas)

- Enséñales responsabilidad, y su primera responsabilidad empieza con sus juguetes, casi siempre cuando riegan los juguetes no los quieran recoger.

Dile: Es tu responsabilidad así que si quieres yo te puedo ayudar pero son tuyos y tu los has regado.

- Háblale siempre con la verdad no por ser niños no se enteran de nada.

Esto es una mentira que tu debes saber porque también fuiste niño y te enterabas de todo, utiliza esa información a tu favor.

Pero utiliza palabras que ellos entiendan, no te compliques la vida los niños son básicos, no hay que maquillar tanto las cosas.

Somos los adultos los que complicamos todos, para los niños es mucho mas fácil entender cuando alguien muere, por mucho que les duela, lo entienden mejor.

Además si son muy pequeños saben sentir y escuchar la voz interna que les habla para hacer lo que de verdad venimos hacer, pero cuando crecen nuestro pensamiento negativo hace que su alma olvide esto.

Te voy a dar un ejemplo de lo sencillo que son los niños.

Un día estaba preguntando a una pareja que estaba con una niña que si no habían panes dulces aquí, que en mi país hay y me hacia falta, la chica me dijo que si que tenia un nombre diferente que bollos de mantequilla, porque eran como estos pero no estaban rellenos de crema.

Su madre empezó a preguntase en voz alta como era que se llamaban y la niña le respondió, ama normal, bollos sin mantequilla.

No podía para de reír, es así de simple, sin complicaciones, ni nombres definidos, para ellos es básico mientras que para los adultos todo es mas complicado.

Por eso cuando aprendes a ser feliz siendo adulto es cuando vez con los ojos de un niño, disfrutando de las cosas mas simples de la vida.

- Crea un entorno donde haya mucha confianza que sepa que pase lo que pase puede contar contigo.

Y te repito una vez mas cuida tus palabras y las que utilizas con el es muy importante porque lo que entra en tu subconsciente puede ser tu mejor amigo o tu peor enemigo.

Quiérete tanto, o más, de lo que puedes querer a cualquier persona y encontrarás personas que te amen tanto o más que tú.

8. Cuando tú eres fiel contigo mismo, Dios es fiel contigo mostrándote el cielo.

Como ya sabes, mi padre fue algo picaflor, mi experiencia con él, desde pequeña, me llevó a tener claro lo que no quería en mi vida. Eso me hizo ser firme con mi pensamiento, pasara lo que pasara, inclusive si eso me llevaba a ser madre soltera.

¿Has conocido el amor?

Si la respuesta es sí, felicidades, estás más cerca de tener una buena relación de pareja, aunque tengas cosas por aprender. Si la respuesta es no, te digo que tengas fe y esperanza porque existe.

Como te dije antes, la vida consiste en decisiones que te llevan por un camino o por otro. En esta ocasión quiero empezar este capítulo con una historia de amor.

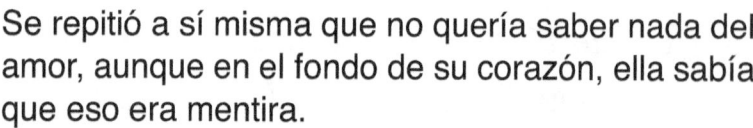

Se repitió a sí misma que no quería saber nada del amor, aunque en el fondo de su corazón, ella sabía que eso era mentira.

Desde pequeña soñaba con el amor de su vida, en ese hombre perfecto para ella, pero su pasada experiencia con el padre de su hijo y lo mujeriego que había sido su padre le hacían pensar que tal vez eso también sería una historia de esas que cuenta la gente.

Al fin y al cabo, todo el mundo habla mal del amor y casi nadie lo había conocido, por lo menos la gente de su alrededor.

Había empezado en este nuevo trabajo que le había conseguido su cuñado, por lo que era importante no hacerle quedar mal. Así que se lo repitió más de una vez, tú concéntrate a lo que vas.

El segundo día de trabajo, después de cambiarse, se dio cuenta, al bajar las escaleras, de ese chico, una vez más le vio como si no bajara nadie a su lado.

Pero no fue consiente de que hay un lenguaje que va más allá de la voz y es que la mirada puede hacer que las personas se conecten.

Ella seguía a lo suyo, hasta que empezaron a llegarle chocolates de un admirador secreto, no le prestó mucha atención, ella tenía claro que no quería saber nada del amor. Un día él le preguntó algo sobre el regalo de ese día, ella es lista y se dio cuenta que él era ese admirador que le enviaba chocolates.

Por casualidad ese día no funcionó el trasporte que los llevaba a la parada del tren, trabajaban en la zona *pija* de Caracas y allí no llegaban los autobuses. Él, amablemente, se ofreció llevar a un grupo que hubiera terminado.

¿Te has dado cuenta que hay momentos en la vida donde parece que todo está como predestinado, que no necesitas hacer nada y todo fluye?

Ella terminó justo cuando su coche estaba casi lleno, solo quedaba el asiento al lado del conductor.

La cara de él marcaba una sonrisa que intentaba disimular bajo esa carismática forma de tratar a la gente, ella se sentó a su lado y partieron hacia la parada del metro, un trayecto de unos veinticinco minutos o más.

Iba el coche lleno de gente, pero la conversación se tornó entre ellos dos, era como si se conocieran de toda la vida o como si solo fueran ellos en el coche.

Se respiraba amor, pero de pronto pasó algo, en el camino tropezaron con el trasporte.

75

Las personas del coche decidieron bajar para ir con el trasporte, ya no era necesario que los llevara, ella sintió ganas de quedarse, pero se había repetido varias veces que no quería saber nada del amor y ella era muy fiel a sus pensamientos.

Él la tomo del brazo antes de bajarse y le dijo: «Quédate, que yo te llevo.

Los segundos se hicieron eternos, era como si el tiempo se hubiera detenido, ella pensó rápido, acababa de empezar a trabajar y qué diría la gente si se iba con él.

Ella le dijo que no, se bajó del coche, subió al autobús y miró por la ventanilla como él se marchaba en su coche.

Algo muy extraño le acaba de pasar, ¡no podía ser, justo lo que no quería!

Lo siguiente que pasó fue inevitable, había una fuerza superior que los llevó a conocerse.

A ella cada día le gustaba más, pero pensaba en la diferencia de edad, ella solo tenía veinticuatro y él treinta y cuatro.

¿Cómo era posible que se entendieran tan bien con tanta diferencia de edad?

Los meses siguientes fueron maravillosos, ese hombre era todo lo que ella había soñado, se le veía el amor, se sentía en el entorno en que trabajaban, todo el mundo notaba el amor que él sentía por ella, ella estaba segura de su amor.

Aunque él lo tuvo más difícil, porque para ella su manera de querer era a gotas, su miedo no le dejaba expandirse todo lo que a ella le gustaría, pero él sabía que con amor podía conseguir que ella abriera su corazón.

Pasaba el tiempo y ninguno de los dos era consciente de ello, era como si se conocieran de toda la vida, era realmente maravilloso.

Un día ella fue a trabajar, igual que siempre, y se encontró con la noticia que le habían trasladado de compañía a otra zona, ella había sentido algo la noche anterior cuando se despidió, pero él no la quería hacer sufrir.

Fue sumamente duro para ella, llevaban un amor a escondidas, aunque en realidad era un secreto a voces porque el amor es algo que no se puede esconder. Él era un supervisor y la relaciones en la empresa estaban prohibidas.

Al medio día él la llamó y ella tuvo que contener las ganas inmensas que tenía de llorar.

El tiempo que había sido su mejor aliado ahora era su peor enemigo, no podían quedar constantemente por lo que decidieron terminar eso tan bonito que tenían, cada uno tenía que tomar su camino.

El tiempo fue haciendo mella y los dos se fueron acostumbrando a estar el uno sin el otro y a ser simplemente amigos.

Él le llamaba todos los días a la misma hora para charlar con ella, le encantaba escuchar su voz y que ella le dijera las tonterías y locuras que a ella se le ocurrían.

Un día ella le comunicó que se marchaba a otro país para poder tener una vida mejor para ella y para su hijo, el corazón de él se rompió en varios pedazos, pero el amor por ella era tan grande que lo disimuló lo mejor que pudo y la apoyó porque para ella era importante y lo mejor.

Ella partió hacia ese mejor futuro llevándole a él en su corazón.

Él no tuvo más remedio que acostumbrase, cada día más, a esa distancia y a un teléfono.

Pasaban los años y ella se preguntaba si él era el amor de su vida, ¿por qué no podían estar juntos?

Le contaba a todo el mundo sobre ese gran amor como si fuera lo más preciado que tuviera, pero todo el mundo le hacía la misma pregunta: «¿Por qué no te quedaste allí?»

Y ella repetía lo mismo siempre: «¡No hago tonterías por amor!»

Tal vez ella no había aprendido a amar como se debe amar de verdad, ella pensaba que le faltaban muchas cosas por saber del amor, tal vez todavía tenía miedos internos que no le permitían disfrutar del amor, pero estaba segura de lo que quería.

Es decir, que sí le faltaban muchas cosas por aprender sobre el amor.

Hablaban constantemente por teléfono, él le llamaba todos los días especiales.

Empezaron a hacer planes para que él viniera a visitarla, ella estaba emocionada a pesar de sus miedos y dudas, pero había algo en su interior que era mucho más fuerte que ella y a lo que ella nunca ignoraba, era más fuerte que su propio miedo.

Siempre que sentía esa voz interior hablando optaba por pasarle el problema a Dios, a final de cuentas él todo lo puede.

Esa noche rezó pidiendo a Dios que le guiara de la mejor manera, si ese era el hombre de su vida ella estaba dispuesta a hacer lo que fuera necesario por hacerle feliz y si no lo era, que por favor le diera las señales necesarias para alejarse de él por más que le amara.

Pero también le pido que el fuera muy feliz, aunque no fuera con ella. Dios es sabio y te conoce más que a ti mismo.

Conocemos a las personas por dos razones: porque son un aprendizaje para ti o porque son una lección, y él era esas dos cosas para ella.

¿Has vivido alguna historia de amor?

O, ¿eres de los que piensan que el amor no existe?

¿Piensa que el amor es para toda la vida?

Estamos acostumbrados a pensar que el amor es para toda la vida, que las películas que vemos en la televisión son totalmente reales, que el amor es la perfección de la pareja y no hay nada más lejos de la realidad.

El amor es otra cosa, es amar a la otra persona, aunque esta no esté contigo, el amor es ser diferente a esa otra persona o igual, es complicidad, es amistad, etc.

Este, amado lector, es una de mis historias sobre el amor y digo una porque he tenido varias, en algunas no he sido tan feliz. Pero todas han traído consigo un aprendizaje.

Pero esta historia de amor me hizo darme cuenta de que el amor existe de verdad, me hizo no escuchar a la gente cuando te dice que el amor no existe y que es la perfección absoluta.

Lo que te acabo de contar es el lado más bonito de ese amor, también había discusiones, a veces eran muy seguidas, pero yo decidí quedarme con lo bonito, lo realmente importante para mí y lo que me ha llevado a no conformarme con menos de lo que me merezco.

Ese amor me hizo comprender que no tengo que exigir amor porque cuando alguien te ama de verdad hace lo que sea necesario para que tus días sean cada día mejor, aunque haya millones de kilómetros de distancia. El amor siempre suma, nunca resta.

Hoy en día no estoy con ese hombre maravilloso que conocí, pero sí fue mi amor en ese momento y no hay un día que no le pida a Dios por él y porque sea feliz. Hace un tiempo entendí que no era el amor de mi vida, yo tenía que aprender a amar a pesar de lo mal que lo había pasado en las relaciones.

Sigo hablando con él cuando puedo y siempre le digo: «Tú eres lo más importante para ti, así que, sé feliz».

Lo primero que tienes que aprender es que tu felicidad no depende de nadie más, solo de ti mismo. Tienes que aprender a quererte, a sentirte a gusto contigo mismo y a disfrutar de tu soledad. Porque el amor empieza y acaba en ti.

El amor es libertad, es amar tu luz, tu sombra, tu oscuridad, tus defectos y tus virtudes, inclusive tus locuras, porque tal vez eso sea lo más bonito. Es decir, es amarte tú mismo tal y como eres.

Tienes que saber que el amor de tu vida eres tú y que hasta que no te aprendas a amar no encontrarás el amor de pareja.

Aprende que puedes ser feliz estando solo y tal vez sea una de las experiencias más bonitas, porque aprenderás a conocerte y a saber cuáles son tus necesidades reales.

Cuando aprendes a amarte estando en soledad sabes que el amor no es posesión sino libertad.

Veo constantemente gente que está con otra persona porque le tiene miedo a la soledad y porque no les gusta estar tanto tiempo solos. De hecho, conozco a gente que me dice: «No le quiero mucho, pero no sé estar solo», y no saben el error que están cometiendo porque eso, tarde o temprano, no va a llegar a nada o tendrán una vida de insatisfacción.

También conozco casos de mujeres y hombres guapos físicamente que están detrás de otra persona que no los quiere, que se humillan por estar con ellos y no se dan cuenta que no necesitan a nadie para ser felices, la felicidad no está en la otra persona, está simplemente en ti.

Cuando le pregunto a esas personas por qué están con alguien así, que no los quieren o que les dan migajas, me dicen que ¡¡¡es una relación complicada!!!

¿De verdad te estás contando esta historia y esa gran mentira? Porque déjame decirte que a la única persona que le mientes es a ti mismo y no hay nada más triste. Pero, no puedes ayudar a nadie que no quiera ayuda.

Aprende a estar solo contigo y a conocerte y sabrás estar con alguien. Porque solo tú tienes el control absoluto de tu vida. No te mientas más.

Y tal vez no sea fácil, tendrás al mundo en contra de la decisión de estar solo, porque la sociedad dice que estar solo está mal, la sociedad marca que si vas cumpliendo años y no estás casado, rejuntado o con hijos, vas por mal camino o como se dice coloquialmente: «Se te está pasando el arroz».

A mí, constantemente, me están buscando pareja, me intentan planear una cita o, lo que es peor, me dicen que entre en una página para buscar pareja.

No digo que entrar en esa páginas sea malo, solo digo que lo hagas si de verdad lo sientes, no por presión social. Pero también te digo que el amor no se busca, llega solo cuando tú eres fiel a lo que realmente sientes.

No te voy a mentir, no es fácil esa presión social, yo la llevo sintiendo desde hace tiempo y al principio me afectaba. Me sentía sola, incomprendida, pero un día me di cuenta que esa presión solo me hacía mal porque me estaba creando una inseguridad y una insatisfacción conmigo que no era normal. Y, ¿sabes qué decidí? Que no me importaría nada de lo que me dijeran allí afuera porque lo más importante para mí es mi tranquilidad emocional y sentirme a gusto conmigo, a final de cuentas quien va a estar toda la vida conmigo soy yo misma.

Cuando aprendes esto te das cuenta de que puedes ser feliz estando solo, sin necesidad de estar con alguien, ahora bien, si tienes alguien a tu lado que sume siempre, seguro que llegarás lejos. Así que, como es tu vida decide y decide bien.

Una vez más te das cuenta que la decisión te lleva de un lugar a otro, sé un poco egoísta y piensa en ti desde el amor. Tu único objetivo tiene que ser tu felicidad, pero siempre desde el amor.

El verdadero amor no es posesión por lo que le deseo a ese chico que sea feliz y que esté con una mujer que le ame tanto o más que yo.

Por supuesto que duele terminar una relación o que terminen contigo y cuando eso pasa lo mejor que puedas hacer es tener tu tiempo de luto. Tómate tiempo para estar contigo mismo y conocerte.

Llora si tienes que llorar, qué importa si la gente te ve, no eres el único que ha sufrido por desamor, qué más da lo que la gente piense. Lo único que no tienes que hacer es quedarte en ese dolor.

Ten tu luto interior el tiempo que necesites para recuperarte, pero que ese luto tenga fecha de caducidad y luego ponte tu mejor pinta de colores, píntate los labios de rojo si eres chica, pon música alta, eleva tu vibración y luego sal a la calle, cómete un helado y disfruta de la nueva vida que te espera porque te aseguro que lo que viene es mucho mejor de lo que tú te puedas imaginar.

Pero, sobre todo, sé fiel contigo mismo y con lo que sientes, puedes engañar a cualquier persona allá afuera pero nunca puedes engañarte a ti mismo.

Estas palabras siempre se las he dicho a mis amigos, a mis hermanos y a mi hijo y las puedes utilizar en cualquier fase de tu vida.

Por último, quiero contarte una historia que leí en uno de los libros de Lain García Calvo y con la cual me quedé desde el primer día que la leí.

Años atrás un jugador famoso de golf fue invitado por el rey de Arabia Saudí para jugar un torneo de golf.

El jugador aceptó la invitación. Jugaron golf un par de días y se lo pasaron muy bien.

Al regresar el golfista a su país el rey le dijo: —quiero regalarte un obsequio para agradecerte que hayas venido hasta acá. ¿Qué te puedo dar?

El Golfista, con pena, le dijo que nada, pero el rey insistió. Bueno, yo colecciono palos de golf —le dijo. Hecho, eso tendrás —contestó el rey.

El golfista pensaba qué tipo de palo le regalaría: uno de oro, ¡¡uno con su nombre grabado o uno con piedras y diamantes!!

Con el tiempo recibió un sobre y el golfista se extrañó, porque un palo no cabe en un sobre. Para su sorpresa eran las escrituras de un Club de Golf de quinientas hectáreas...

¡Los reyes tienden a pensar diferente a nosotros!! ***CAMBIA TU MENTALIDAD Y PIENSA EN GRANDE, COMO REY.***

Desde que tengo uso de razón sé exactamente lo que no quiero en una relación de pareja.

La vida es un conjunto de decisiones que tomas y que te llevan por un camino o por otro, lo mejor que puedes hacer es sacarle el aprendizaje a cada una de las cosas que te pasa en la vida, en vez de ser una víctima.

Al final de cuenta la vida está hecha para aprender, más vale que te lo tomes de la mejor manera para poder disfrutarla.

Tal vez te has estado conformando siempre con un palo de golf sin darte cuenta que eres merecedor de un club de golf.

Yo he sido criticada por soñar con una relación extraordinaria y por pasar mucho tiempo sola, porque una chica de treinta y siete años no debería estar sola. Me han dicho que si quiero un hombre perfecto, que ya no tengo edad para tener otro hijo porque tener un hijo tiene edad.

Cuando leí esta historia supe que estaba sola porque me apetecía, pero sobre todo estaba dispuesta a no conformarme con un palo de golf porque mi frase favorita siempre había sido: «**Nunca te conformes con menos de lo que te mereces**» y yo sé lo que me merezco.

¿Qué crees que te mereces en la vida?

¿Estás dispuesto a hacer con tu vida lo que realmente sientes?

¿Estás dispuesto a ser fiel a ti mismo para que Dios te demuestre que él sí es fiel contigo sin importar lo que la gente piense?

¿O piensas seguir viviendo de lo que las demás personas piensen?

¿Qué más da lo que el mundo piensa, si tus problemas y tu vida son tuyas, si quien los sufre y aprende eres tú?

No sé que edad tenía cuando vi una entrevista que le hicieron a Celia Cruz, no me acuerdo de la entrevista entera, solo de una pregunta que le hicieron.

La periodista le pregunto:

¿Cómo haces para que tu relación de pareja dure tantos años?

A lo que ella respondió:

«Solo hemos hecho lo mismo durante años, nunca nos vamos a la cama sin arreglar un problema que hayamos tenido ese día.»

Esa frase se me quedó grabada y pensé: *¿Es así de fácil tener una relación que dure años y sea tan bonita como esa?* Si al final no es tan difícil. Está claro que hay muchas otras cosas que aprender sobre relaciones para tener una relación extraordinaria.

Y, ojo, te quiero repetir una vez más, tener una relación ideal no es sinónimo de perfecto, nada es perfecto, claro que habrá discusiones, pero no son las discusiones sino cómo reaccionas ante ellas y las dificultades que tengas porque créeme, siempre las vas a tener, y es mejor que lo tengas claro porque de eso se trata la vida.

Un ejemplo claro es de uno de mis cantantes favoritos, **Chayanne**.

En una entrevista que le hicieron, Chayanne dijo:

«El éxito de mi matrimonio se lo adjudico a la comunicación, la comunicación es el respeto hacia cualquier problema. La fama no es obstáculo para ser fiel. El amor duradero no es un cuento de hadas.»

Y yo completo: «Todo depende de las dos personas que conformen la relación». Chayanne es el vivo ejemplo de que el amor puede ser largo y duradero porque aun siendo un famoso ha sabido apreciar su vida de pareja y su familia.

Ahora mismo, conozco muchos casos de parejas felices que hacen lo que aman.

¿Por qué te digo esto?

Porque hace poco me di cuenta que hay creencias limitantes heredadas. Es decir, eso que te van inculcando de pequeño, que sin darte cuenta se va quedando en el subconsciente. Te doy un ejemplo claro: La diferencia de edad, esa es una, pero hay muchas.

Yo, por ejemplo, crecí pensando que estar con alguien era sinónimo de dejar tu vida para convertirte en una ama de casa perfecta, pensaba que era sinónimo de dejar de lado tus ilusiones y sueños. Pero, ¿sabéis? El amor de verdad es libertad.

Identifica tus creencias limitantes para permitirte que el amor entre en tu mundo.

-
-
-
-
-
-

Antes de tener una relación sensacional tienes muchas cosas que aprender sobre relaciones. Pero como te dije antes, lo más importante es que aprendas a amarte a ti mismo porque el amor empieza y acaba en ti.

Hace algún tiempo hablaba con una amiga que había terminado con su novio hacía unos cuantos meses. Ella me contaba que él le hacía falta pero que si lo pensaba bien sabía que las cosas no funcionarían.

Él le llamaba para quedar y sus otras amigas le decían que había sido una bonita relación, que posiblemente volverían a estar juntos nuevamente.

Yo la escuchaba atentamente y le decía que la entendía, pero le hablaba y no me escuchaba porque ella estaba justificando los motivos por los cuales había terminado con él. Así que, su mente hacía que escuchara solo aquella parte que ella quería oír.

Me tuve que poner dura y le dije: «Cariño, yo te voy a ser sincera, yo no soy la típica amiga que te dice lo que quieres escuchar, yo te voy a decir lo que no quieres oír pero que yo sé que es lo mejor para ti.

Por supuesto que era una bonita relación, porque tu contabas solo lo bonito y lo malo te lo tragabas y lo sufrías a solas.

Cuando me dijiste que se había acabado la relación y me diste los motivos, te entendí. Yo no digo que él sea malo, le conozco y sé que no lo es, pero una relación siempre suma, inclusive cuando hay discusiones, nunca resta.»

Entonces le hice una descripción de quién era el hombre que ella me contaba.

Él es ese hombre maravilloso que te apoyaba en todo lo que querías hacer, él es ese chico trabajador que se buscaba la vida, al igual que tu lo hacías, él era ese amigo maravilloso con el que todo el mundo quería estar. El fue corriendo a decirte: «Lo siento, la he cagado, ¿por qué te dejé ir?»

¡No! ¿Verdad?

Al contrario, te fue infiel, luego que terminaron se iba de fiesta en fiesta y ahora, después de mucho tiempo, ha decidido y se ha dado cuenta de que te ha perdido.

Así que, sé sincera contigo misma y dime:

¿Tú te mereces un hombre que te de migajas?

Y luego le dije:

Te voy a decir quién eres tú:

Tú eres una mujer con un corazón inmenso, que todo el mundo quiere, que se busca la vida como nadie, quiérete tanto o más de lo que quieres a cualquier persona para que llegue alguien que te ame tanto o más de lo que tú te amas.

No te mientas, ni te justifiques porque si has estado o estás en esta situación, cada quien toma las propias decisiones de su vida y es responsable de sus actos.

No te quedes atado al pasado (sea una pareja, un trabajo o cualquier otra cosa) sea lo que sea, porque mientras haces eso no le das la oportunidad a lo nuevo y lo maravilloso que te está esperando.

Utiliza el pasado como aprendizaje para que crezcas como persona y cada día seas más grande.

> *«Cierra puertas de bronce para que se abran nuevas puertas de oro.»*
>
> **Lain García Calvo.**

Creo que tengo una deuda con el mundo porque lo paso mal cuando algún amigo o familiar lo pasa mal con este tema, así que te voy a dar unas cuantas pinceladas sobre esto aquí, pero en mi segundo libro hablaré sobre el amor.

Antes de tener una relación extraordinaria tienes que saber que cada persona es diferente por lo que existen diferentes tipos de personalidades.

También tienes que saber que todo el mundo nos hace de espejo, pero la pareja más. Es decir, ellos nos muestran esos miedos y demonios que tenemos ocultos que ni nosotros mismos sabemos que están allí.

Por eso te repito que es muy importante conocerte a ti mismo primero para poder tener una vida extraordinaria.

9. El Principio de un cambio.

Creo que este fue el momento en que mi vida cambio, ya había cambiado el rumbo de mi vida con las decisiones que había tomado porque la vida es un conjunto de decisiones. Pero para ese entonces tenía muchísimo ego, creía en una sola verdad, la mía y estaba muy equivocada, culpaba a mi padre por no darme el amor que yo supuestamente necesitaba, sin darme cuenta que él hizo lo que pudo.

Cuando murió mi padre mi vida dio un giro total. A veces tienen que pasar ciertas cosas, que te causen mucho dolor, para tú entender que tal vez la vida tan solo sea un lugar donde venimos a aprender.

¿Y si le das un nuevo significado a la muerte?

Cuando era pequeña leí un cuento que me impactó mucho.

No recuerdo exactamente la edad que tenía cuando leí este cuento, pero se me quedó grabado en la memoria. Para mí no era un simple cuento, para mí era una realidad.

Con el paso de los años y basándome en mi experiencia he llegado a la conclusión de que tenemos una fecha de caducidad. Y que, pase lo que pase, si es tu hora de marchar lo vas hacer.

«Érase una vez, en la ciudad de Bagdad, un criado que servía a un rico mercader. Un día, muy de mañana, el criado se dirigió al mercado para hacer la compra pero esa mañana no era como todas; porque esa mañana vio a la Muerte en el mercado y la Muerte le hizo un gesto.

Aterrado el criado volvió a la casa del mercader.

Amo —le dijo, —déjame el caballo más veloz de la casa. Esta noche quiero estar muy lejos de Bagdad, esta noche quiero estar en la remota ciudad de Isfahán.

—Pero, ¿por qué quieres huir?

—Porque he visto a la Muerte en el mercado y me ha hecho un gesto de amenaza.

El mercader se compadeció de él y le dejó el caballo; y el criado partió con la esperanza de estar por la noche en Isfahán.

Por la tarde, el propio mercader fue al mercado, y, como le había sucedido antes al criado, también él vio a la Muerte.

Muerte —le dijo acercándose a ella, —¿por qué has hecho un gesto de amenaza a mi criado?
¿Un gesto de amenaza? —contestó la Muerte. —No, no ha sido un gesto de amenaza, sino de asombro. Me ha sorprendido verlo aquí, tan lejos de Isfahán, porque hoy en la noche debo llevarme en Isfahán a tu criado.»

¿Y si te das el permiso de darle un nuevo significado a la muerte?

¿Y si en vez de sufrir por esa persona que murió honras su muerte siendo lo que realmente has venido a hacer?

¿Y si esa persona ha marchado para darle un valor distinto a tu vida?

¿Y si su misión era esa, convertirse en tu ángel protector y guía espiritual?

Para mí no fue fácil hacer esto porque primero tuve que aprender el significado del perdón que te enseñaré más adelante.

La muerte de mi padre hizo que mi vida cambiara totalmente, con él creo que se murió una antigua yo para renacer una nueva yo, pero eso dependió del significado que yo le di a todo lo que pasó a su alrededor.

De hecho, hoy en día pienso que gracias a la muerte de mi padre yo estoy en este maravilloso camino de poder ayudar a mucha gente con cada una de mis experiencias.

Mi padre se convirtió en mi guía espiritual, creo que su alma fue generosa con la mía y partió antes para que yo aprendiera el verdadero significado de la vida, para que yo despertara.

Tras la muerte de mi padre tuve muchos grandes aprendizajes que te iré contando. Pero antes me gustaría que te hicieras unas preguntas.

¿Qué es para ti la muerte?

¿Eres de esas personas que se van con tu ser querido?

¿Sabes por qué en la india son tan felices?

Porque creen en la reencarnación y saben que volverán a ver a sus seres queridos, saben que la muerte no es el final sino un continuará.

¿Y si de verdad la muerte no fuera el final?

¿Te quedarías aferrado al dolor de esa persona que se fue?

¿No sería un aliento el saber que esa persona que se fue está un tiempo contigo ayudándote y luego

marcha para avanzar en la luz?

Déjame decirte que hay estudios que indican que la muerte no es el final. El libro *El viaje de las almas* habla sobre estudios acerca de la reencarnación y de lo que les pasa a las almas cuando estás fuera del cuerpo humano o en esta experiencia material.

Pero yo te hablo con conocimiento de causa, el alma de mi padre estuvo conmigo hasta hace poco, guiándome en todos los pasos de mi vida.

Cuando cuento esto la gente, inclusive mi familia, no me cree, pero no me hace falta porque yo sí lo creo.

Te puedo contar varias experiencias que he tenido con mi padre, una de ella es que me decía cosas en sueños sobre mi hijo que luego cuando se las contaba a mi hijo se sorprendía mucho porque no tenía como yo saberlo.

Desde que mi padre murió empecé a soñar constantemente con él, era como su forma de comunicarse conmigo.

Hace un año exactamente operaron a mi hijo de algo que tenía de pequeño, era una operación sencilla, pero aun así estaba nerviosa. Así que hice lo que siempre hacía desde que se murió, le pedí que me ayudara.

Ese día le pedí que nos acompañara para que todo saliera bien.

Gracias a Dios así fue, cuando mi hijo salió de quirófano le dijeron que tenía que hacer pis para poder expulsar la anestesia porque si no, no podía comer. Llevábamos todo el día en el hospital, no había comido nada y él come mucho. Se sentía muy raro por la anestesia, así que, le dije: «No te preocupes pidámosle al abuelo para que te ayude a que te den ganas de ir al baño».

Se quedó dormido después de quejarse porque se sentía muy raro por la anestesia, así que yo me puse a orar y a dar las gracias a Dios y a mi padre por acompañarme.

Estaba en medio de la oración cuando mi hijo se despertó algo agobiado y yo corrí a la cama a preguntarle si se sentía bien. Y me dijo: «Mami, acabo de soñar con mi abuelo, me ha dado un beso en la frente y me ha dicho no te preocupes que me voy a quedar contigo esta noche».

Mi hijo no terminó de decirme esto cuando se puso a llorar como un niño pequeño con todo el sentimiento. Y lloraba de esa manera porque no fue un simple sueño, fue tan real que se despertó. ¡Mi padre había estado con nosotros!

Por supuesto que es triste y doloroso no estar con esa persona que se ha marchado, pero, ¿no has pensado que tal vez ya había cumplido con su plan en la tierra? ¿Y si su plan era ese para que tú realizaras el tuyo?

10. No existen las casualidades sino las causalidades.

¿Recuerdas que me regresaron de Madrid y que cuando llegué a Caracas me di cuenta que el pasaporte de mi hijo y el mío no estaban sellados?

El que estuvieran sellados suponía mucho más dinero para un pasaporte nuevo y dinero de un nuevo pasaje porque el anterior lo había perdido.

Llegué un martes y el jueves por la mañana mi padre amaneció muerto. Después de medio aceptar lo que estaba pasando me tuve que encargar de los preparativos con mi cuñado, el marido de mi media hermana mayor.

Cuando llegué con mi cuñado, de arreglar las cosas en la funeraria, había un montón de gente en mi casa, incluidas mis dos medias hermanas. Subí las escaleras del edificio (vivíamos en un tercero sin ascensor) y cuando llegamos al tercero, en la esquina de las escaleras, había una niña de unos doce o trece años llorando desconsolada, la miré y fui donde mi hermano a preguntarle:

¿Sabes quién es? ¿No me digas que teníamos otra hermana y no sabíamos que existía?

Mi hermano sonrió y me dijo: Ahora le pregunto.

Lo que me dijo a continuación me hizo darme cuenta que no sabía quién era mi padre.

Mi padre tenía un negocio propio de latonería y pintura de coches, estaba en una zona que no era nada buena, era una localidad muy grande donde también había otros talleres. Esta niña, como muchas en los países de Latinoamérica, quería prostituirse por dinero y mi padre no la dejó, le daba dinero todos los meses para que así pudiera estudiar.

> Nos mentimos a nosotros mismos diciéndonos que tenemos que tener mucho dinero para poder ayudar a las demás personas o estamos llenos de prejuicios.
>
> Le echaba la culpa a mi padre por lo que había sentido cuando era pequeña y lo que yo pensaba que no me había dado, el suficiente amor, cuando en realidad era la niña de sus ojos.

A mi padre no le sobraba el dinero, de hecho, muchas veces no tenía nada y aun así ayudaba con dinero a esa niña para que tuviera otra vida.

> Un consejo, no esperes a que las personas de tu alrededor mueran para sentir lo mismo que yo. Dile lo que sientes, sea malo o bueno y cura esas heridas antes de que las personas partan. La vida es corta, aprende lo máximo, aprende el perdón y aprende a dar gracias por lo valioso que tienes en la vida y que no son cosas materiales.

Por otro lado, pensaba en lo egoísta que somos y lo egoísta que fui cuando mi ego no me dejaba ver la persona que tenía como padre.

Sí es cierto que nuestra relación fue cambiando poco a poco, a medida que iba creciendo, cuando quedé embarazada y cuando me quedé sola con él un año entero, pero dentro de mi corazón había rencor.

No digo que ayudes más al resto de la gente que a ti mismo, lo normal sería que aprendieras a ayudarte primero para poder ayudar al resto, pero sí digo que si puedes ayudar a alguien hazlo sin ponerte una excusa, también te digo que lo hagas si te sale del corazón.

En medio de todo dolor tenía quince días para conseguir el dinero para viajar de nuevo porque ya no tenía nada que me atara allí. Me lo tenía que jugar todo o irme a Colombia con mi hermano porque ya no tenía casa ni nada, habíamos alquilado la casa para que no se quedase sola.

Sentía que se me había desmoronado la vida de un día para otro, no tenía tiempo de pensar, ni de preocuparme, solo tiempo para odiarme a mí misma.

Después de quince días tenía de nuevo un pasaje a España, quería un cambio radical y había empezado sin que me diera cuenta.

Llegó el día donde de nuevo tenía que coger un avión para pasar al otro lado del mundo, pero esta vez todo era diferente, no había pasado mucho tiempo desde que me habían regresado y ya no tenía a mi padre. Estaba llena de miedo y con el alma destrozada.

Pero esta vez era diferente, desde el primer momento todo fluía, era como si los ángeles y mi padre me acompañaran. Llegamos a Milán y allí el policía de inmigración ni me miró. De hecho, selló el pasaporte sin mirar, no me lo podía creer y empecé a pensar en ese sueño que tuve la primera vez que vine.

Ese día me di cuenta que las casualidades no existen, que todo lo que había pasado, aunque en su momento no lo vi, había sido perfecto para que yo estuviera en mi país el día que mi padre murió.

Es como si, sin querer, el universo conspirara para que todo fuera perfecto. Al día siguiente ya estaba en casa con mi madre y mi hermano, para empezar a cumplir esos sueños que tenía, aunque tuviese el alma y el corazón roto en pedazos.

Después de esta experiencia me di cuenta que las casualidades no existen, que como el cuento que leí cuando era pequeña, tenemos una fecha para marcharnos de esta vida, pero nosotros no sabemos.

¿Qué posibilidad había de que entre todos los pasaportes sellados solo el de mi hijo y el mío no fueran sellados?

Me di cuenta que la vida no es más que un soplo, que nos pensamos que tenemos mucho tiempo y estamos muy equivocados, pasaron los años y me tocó aprender a perdonarme porque mi vida se estaba convirtiendo en algo simple y sin sentido, aunque creo que mi vida era triste y sin sentido desde antes, pero la muerte de mi padre me despertó de este trance llamado vida.

Tras la muerte de mi padre tuve varios aprendizajes. Te voy a enumerar unos cuantos:

- Lo primero que aprendí es que la vida tiene un final y no sabes cuál es, así que haz que tu vida valga la pena porque tal vez te estás quedando sin tiempo.
- Aprendí que la muerte no es el final, sino un hasta luego. Mi padre me acompañó hasta

hace poco y me ha ayudado en el camino hacia uno de mis sueños, que era escribir un libro.

- Aprendí que las casualidades no existen y que todo lo que pasa en la vida pasa para ti, así que aprende que tal vez cuando las cosas no salen exactamente como tu quieres es porque hay otro camino mejor.

- Aprendí el verdadero significado del perdón y este ha sido el mejor de los aprendizajes porque si no lo tienes no puedes avanzar en la vida.

- Aprendí el verdadero significado de la gratitud y este, al igual que el perdón, también es muy importante, porque estamos tan ocupados en lo que no tenemos que se nos olvida lo que realmente es importante y lo que realmente tiene valor, aquello que no tiene un valor material.

11. ¿Cómo prefieres llamarlos, ángeles o guías espirituales?

Era diciembre y creo que tenía diecisiete o dieciocho años, venía de buscar las fotos de mi graduación y me fui caminando del centro de Caracas hasta mi casa, que estaba algo lejos, pero me gusta caminar.

Cuando ya estaba algo cerca de casa me empezó a seguir un hombre, ya llevaba rato detrás de mí, pero yo no me había dado cuenta que me seguía. Me preguntó dos cosas y yo inocente le contestaba, pero no dejaba de andar.

La segunda vez que me preguntó algo había una patrulla de policía por lo que se alejó un poco de mí.

Cuando fui a cruzar la calle, el semáforo de peatones cambió a rojo y no crucé, pero él sí. En ese momento me di cuenta que me perseguía porque se quedó parado al frente, me puse muy nerviosa, miré calle abajo y estaba muy solitaria. Miré hacia la estación del metro y también estaba cerrada, así que para mis adentros dije; «Que sea lo que Dios quiera» y crucé rápido, sin mirarle.

El hombre no paraba de decirme cosas y decirme: «Tú no sabes quien soy yo, párate que te estoy hablando».

Yo estaba muy nerviosa, no paraba de rezar, y de pronto, a mitad de la calle principal, había un policía de tránsito. En los años de vida que llevaba en Caracas en ese momento, nunca había habido un policía de tránsito en esa calle.

Me crucé sin mirar la calle, si venían coches, a lo que el policía sonriendo me dijo: «Te haz lanzado a los coches sin mirar, te quieres matar».

Yo sonreí muy nerviosa y le dije que me venía persiguiendo un hombre, empezamos hablar y a reírnos, como si nos conociéramos, de lo que comentábamos.

Me dio varias opciones para irme a casa, que me acompañaba a la otra estación del metro o a coger un bus, pero yo no me sentía segura con ninguna, así que me dijo: «No te preocupes, que yo te voy a acompañar hasta tu casa».

Así que, empecemos caminar y me llevó hasta la esquina de mi casa.

Desde que llegué a casa y conté lo sucedido supe que había sido un ángel, no me cabía duda de ello.

En el momento que me vine a España tenía veintisiete años, habían pasado diez u once años y no volví a ver a un policía de tránsito en esa zona.

¿Por qué te cuento esto? Porque de pequeña creía en todas estas cosas que te he ido contando, aquellas en la que la mayoría de la gente no cree.

También me llaman rara y diferente, pero me he dado cuenta que es lo más bonito que te pueden decir porque el creer en todo esto me hizo soñar con cosas imposibles que hoy en día se están materializando.

¿Te suena lo de los amigos imaginarios que algunos niños tienen cuando son pequeños?

Bueno eso dice la gente, «que son imaginarios». Hace poco, escribiendo este libro, le retorné a mi hijo que tenía un amigo imaginario con el que jugaba cuando era pequeño.

Estuvimos hablando un buen rato sobre esto y me dijo que no era imaginario, que él lo recuerda como era, de hecho, me hizo una descripción y me quedé sorprendida.

Yo sé que hay seres espirituales con nosotros, o ángeles de la guarda si lo prefieres, pero no pensaba que mi hijo recordara esto tan bien.

No sé a ti, pero a mí esto me llena de mucha satisfacción y tranquilidad, el saber que nos acompañan, que nos guían por un camino, el problema es que a medida que vas creciendo vamos perdiendo esa magia que nos permite verlos y escucharlos.

La realidad es que no sabemos cuál es la realidad, *¿de qué tipo de persona eres?*

Las realistas, aquellas que buscan la lógica a todo, o eres de las mías, aquellas que creen en los milagros, ángeles, guías espirituales y todo lo que no tiene explicación lógica.

Te voy a poner una palabra que para mí es mágica, ella es **milagro,** cuando tú le hablas a la gente de cosas que no pueden ver ni tocar o de cosas como estas no lo creen, pero esta palabra viene en el diccionario con un significado.

Así que, supongo que algo de verdad habrá allí. ¿Por qué te digo esto? Porque nuestra mente racional está hecha para protegernos y no te deja creer en nada que no sea tangible o racional para ella.

Significado de milagro:

Suceso extraordinario que contraviene las leyes de la naturaleza y que se supone realizado por intervención sobrenatural de origen divino. La iglesia católica ha reconocido algunos milagros.

Suceso o cosa rara, extraordinaria o maravillosa.

¿Por qué te cuento esto? Porque sé que hay seres espirituales que nos acompañan a diario y nos protegen de todo cuando todavía no es nuestra hora de marchar.

Ellos también nos guían para que sigamos el verdadero camino que vinimos a recorrer y a aprender aquí en esta experiencia llamada vida.

Pero no olvidemos que tenemos libre albedrío y cuando no te has conectado con esa parte interior que nos habla y por la cual ellos se comunican, no los podemos escuchar.

12. Agradecimiento especial.

Desde niña he creído en los milagros, en cosas inexplicables, en ángeles, en algo más allá. Siempre he tenido la fe y la esperanza de que lo que vendrá será aún mejor, siempre, siempre, siempre he creído que me merezco algo mejor y he mantenido esa idea porque estoy segura de ello.

Por eso no me he conformado con menos de lo que me merezco. Está claro que mi nivel de conciencia tal vez no era muy alto, pero Dios puso semillas de grandeza en mi interior.

Cuando se nos va un ser querido tenemos dos opciones: ver más allá de la muerte y crecer, o lamentarnos de por vida porque se ha ido.

En mi caso, todo alrededor de tu muerte ha sido un cúmulo de situaciones que me han hecho ver más allá de mi realidad y ahora, después de once años de tu partida, he entendido que tu muerte no solo me ha hecho ver los milagros sino también he visto el gran poder maravilloso que hay en mi interior.

Te has convertido en mi ángel que me ha transformado el alma. **¡Lo que en realidad soy!**

Estoy convencida de que tu partida ha sido para que yo pueda transformar mi vida, la de la gente que me rodea y me convierta en lo que he venido a ser.

Me falta mucho camino por recorrer, pero cada vez veo hay más luz en mí. Gracias por hablarme en sueños siempre y guiarme, gracias por esos milagros que ya se han manifestado, gracias por los que faltan, pero de los que tengo tanta fe de que van a venir.

Gracias por esas bellas personas que has puesto en mi camino en forma de casualidades, gracias por convertirme en luz. Gracias por dejar tu música en mi sangre, gracias por enseñarme a ser feliz a pesar de las circunstancias.

TE AMO.

13. El perdón empieza en ti.

Iban pasando los años y el dolor estaba allí, porque no me había despedido de mi padre, me martirizaba.

Me iba bien económicamente, tenía nuevos amigos y todo parecía ir mejor, aunque por dentro estuviera el calvario. A medida que pasaba el tiempo mi vida era cada día más simple y vacía.

Pero me pasaba algo muy raro y era que a medida que pasaba el tiempo sentía a mi padre conmigo a pesar de que me odiaba por no perdonarme el que mi padre se hubiera ido sin despedirse de mí.

Todas las noches le pedía que me perdonara, de hecho, quería ir donde una vidente para ver si lo veía y le hacía la pregunta del millón: «Papá, ¿me has perdonado?»

Pero no hizo falta, una noche soñé con mi padre y me dijo que no tenía nada que perdonarme, me abrazó y me desperté llorando, había sido tan real...

He investigado mucho sobre esto porque después que mi padre se murió empecé a sentirlo cerca de mí, no lo puedo explicar, pero le sentía.

Por supuesto que él no tenía nada que perdonarme porque la que se tenía que perdonar era yo y aquí viene lo importante, que es el perdón a uno mismo para poder avanzar en la vida.

Te lo voy a explicar muy fácil, es como si tu interior estuviera lleno de oscuridad, ¿cómo vas a poderlo llenar de luz si no hay espacio?

El sueño fue muy real porque posiblemente habrá sido una revelación, pero también tenía razón mi padre (es decir, su alma) al decirme que no tenía nada que perdonarme. Era yo la que me odiaba por la decisión que había tomado al estar enfadada con él cuando se fue.

El odio que sentía era el mío propio y eso era lo que no me dejaba avanzar.

Era yo la única responsable de mi vida, de mi odio y de mi felicidad, no era él. ¿Cómo me iba a sentir mejor si no tomaba yo esa responsabilidad de arreglarme por dentro?

El no perdonarte y no perdonar envenena el alma y se convierte en odio e infelicidad. La mayoría de la gente con depresión tiene algo oculto en el fondo de su alma que no le deja avanzar.

En una ocasión estaba ayudando a mi prima con un problema que había tenido, pero se le estaba haciendo algo difícil y me di cuenta que se le hacía difícil porque no había perdonado una parte que tenía dentro.

Así que, me puse a pensar por qué no se perdonaba y me di cuenta que no se perdonaba porque se sentía culpable. ¡La culpa no te deja avanzar!

No hay que sentir culpa, la culpa no existe porque lo que ha pasado ha sido para que tú pudieras avanzar en la vida, para subir de nivel.

Así que, deja de sentirte culpable, no se trata de quién tiene o no la culpa, se trata de aprender del error o de la situación que ha pasado.

La vida es un constante aprendizaje que cada uno tiene que pasar, hay gente que aprende de los errores y hay otros que nunca aprenden. Porque aprendes atreves del dolor y aceptar eso es aun más doloroso que el propio dolor.

Ya me había perdonado, *¿y ahora qué me pasaba?*

Seguía con este dolor por dentro, aunque era algo diferente, creo que llevaba mucho tiempo perdida en la vida y muy insatisfecha conmigo misma, no me gustaba mi vida, había venido aquí por un cambio y ese cambio no se había realizado, estaba bien con algunas cosas que había conseguido, pero algo dentro de mí no estaba bien.

No es fácil darte cuenta de esto porque nos mentimos a nosotros mismos con falsas satisfacciones (con lujos, comidas con amigos y saliendo de fiesta) pero en el fondo de tu ser sabes que algo dentro de ti no está bien.

Me costó reconocerlo, pero cuando me di cuenta de ello fui en busca de mí misma.

14. El niño interior.

Todos tenemos dentro de nosotros un niño, es importante cuidar de él.

Es importante reconciliarte con él para el proceso de sanción de nosotros y es la clave para el desarrollo de una buena autoestima cuando se es adulto.

Cuando conectamos nuevamente con nuestro niño interior vamos sanando esas heridas del pasado y esos miedos y conflictos que han quedado guardados y que no nos permiten avanzar en ciertos aspectos de nuestra vida.

Nuestro niño herido va saboteando nuestra felicidad porque busca afuera lo que no recibió durante la infancia.

Sanar a tu niño interior te va a recordar cosas que no te gustarán y que posiblemente sean muy dolorosas para ti.

Pero te aseguro que después de ello tendrás una liberación y te sentirás en paz y feliz y volverás a sonreír como cuando eras niño.

Recuerda que es un niño y hay que mimarlo, cuidarlo y darle mucho cariño. A medida que vamos creciendo no solo perdemos a ese niño que llevamos dentro, sino que vamos perdiendo la sensibilidad hacia él.

Recupera a ese niño para recuperarte a ti mismo de ciertos bloqueos emocionales que están ocultos en tu subconsciente y que muchas veces no te permiten avanzar.

Yo le doy libertad a mi niña para que salga cuando le apetezca. De pequeña me encantaba el conejo de la suerte. De hecho, aún sigue siendo mi dibujo animado favorito.

Hace poco me fui a comprar un pijama y cuando entré a la tienda me di cuenta que había uno que tenía a *Bugs Bunny*, así que ni me lo pensé y fui a por ese pijama. Esto parece una tontería, pero créeme hay gente que cuando es adulto ya no hace estas cosas.

Otro ejemplo de ello es para mi la navidad, soy como una niña pequeña cuando entro a una tienda y veo los adornos navideños, esto me emociona más que los regalos. Mi casa es como la casa de Papá Noel.

Para entender un poco más de qué hablo te recomiendo que veas la película **El chico** de Bruce Willis.

Así que, después de sanarlo, permite que salga, de vez en cuando, ese niño que te hace soñar.

Ejercicio para sanar a tu niño interior:

Busca un lugar tranquilo y escribe en un papel aquellas cosas que te afectaron cuando eras pequeño, después escribe una carta desde tu yo actual pidiéndole perdón por permitir crecer y olvidarlo o dejarlo atrás.

Sacar a la luz todos aquellos demonios internos anclados en tu interior te libera y te hace sanar.

Cuento de Buda.

Un día estaba Mullah en la calle, a cuatro patas, buscando algo, cuando se le acercó un amigo y le preguntó:

—Mullah, ¿qué buscas?

Y él le respondió:

—Perdí mi llave.

—Oh, Mullah, qué terrible. Te ayudaré a encontrarla.

Se arrodilló y luego preguntó:

—¿Dónde la perdiste?

—En mi casa.

—Entonces, ¿por qué la buscas aquí afuera?

—Porque aquí hay más luz.

Todo lo que necesitas para crecer, ser feliz y cumplir sueños está dentro de ti, no lo busques fuera.

Para encontrarse es necesario primero perderse.

15. Buscando mi rumbo.

Hace cuatro años o más, como casi todos los veranos, nos reunimos amigos y familiares para hacer una barbacoa y comer (es uno de mis placeres, disfrutar con mis amigos y compartir). Ese año algo pasaba dentro de mí, reíamos sin parar y estaba a gusto, pero esta vez no estaba allí, es decir mi cuerpo estaba, pero mi alma y mi ser interior no.

Mis amigos estaban haciendo planes para ir a la playa al día siguiente y yo lo único que quería era irme a casa y estar a solas.

Una amiga me preguntó: —*Julieth, ¿te pasa algo? Hoy te he notado algo diferente.*

—Sí, pero no sé qué me pasa, no soy yo, he estado a gusto, pero algo no está bien.

Claro que algo no estaba bien, yo no estaba bien.

¿Cómo puede estar bien tu mundo si tú no estás bien?

Esa noche tomé la decisión de salir en busca de mí misma porque no podía seguir así.

No ha sido nada fácil, pero tengo que decir que ha sido lo más satisfactorio que he hecho en mi vida. Empecé a leer libros, a ver videos y a ir a conferencias.

Creo que estaba más cerca de encontrarme, pero más perdida porque estaba buscando algo afuera que solo estaba dentro de mí.

Pasaron unos días y escuché este cuento, como dicen por allí: «Cuando el alumno está preparado aparece el maestro».

El buscador de Jorge Bucay.

Esta es la historia de un hombre al que yo definiría como buscador. Un buscador es alguien que busca. No necesariamente es alguien que encuentra. Tampoco es alguien que sabe lo que está buscando. Es simplemente alguien para quien su vida es una búsqueda.

Un día nuestro buscador sintió que debía ir hacia la ciudad de Kammir. Él había aprendido a hacer caso riguroso a esas sensaciones que venían de un lugar desconocido de sí mismo, así que dejó todo y partió.

Después de dos días de marcha por los polvorientos caminos, divisó Kammir a lo lejos, pero un poco antes de llegar al pueblo, una colina a la derecha del sendero le llamó la atención.

Estaba tapizada de un verde maravilloso y había un montón de árboles, pájaros y flores encantadoras. Estaba rodeaba por completo por una especie de valla pequeña de madera lustrada, y una portezuela de bronce lo invitaba a entrar.

De pronto sintió que olvidaba el pueblo y sucumbió ante la tentación de descansar por un momento en ese lugar.

El buscador traspasó el portal y empezó a caminar lentamente entre las piedras blancas que estaban distribuidas como por azar entre los árboles.

Dejó que sus ojos, que eran los de un buscador, pasearan por el lugar... y quizá por eso descubrió, sobre una de las piedras, aquella inscripción:

«Abedul Tare, vivió ocho años, seis meses, dos semanas y tres días.» Se sobrecogió un poco al darse cuenta de que esa piedra no era simplemente una piedra.

Era una lápida, y sintió pena al pensar que un niño de tan corta edad estaba enterrado en ese lugar.

Mirando a su alrededor, el hombre se dio cuenta de que la piedra de al lado también tenía una inscripción.

Al acercarse a leerla, descifró: «Lamar Kalib, vivió cinco años, ocho meses y tres semanas». El buscador se sintió terriblemente conmocionado.

Este hermoso lugar era un cementerio y cada piedra una lápida. Todas tenían inscripciones similares: un nombre y el tiempo de vida exacto del muerto, pero lo que lo conectó con el espanto, fue comprobar que, el que más tiempo había vivido, apenas sobrepasaba once años. Embargado por un dolor terrible, se sentó y se puso a llorar.

El cuidador del cementerio pasaba por ahí y se acercó, lo vio llorar por un rato en silencio y luego le preguntó si lloraba por algún familiar.

—No, ningún familiar. —dijo el buscador. —Pero... ¿qué pasa con este pueblo? ¿Qué cosa tan terrible hay en esta ciudad? ¿Por qué tantos niños muertos enterrados en este lugar? ¿Cuál es la horrible maldición que pesa sobre esta gente, que lo ha obligado a construir un cementerio de niños?

El anciano cuidador sonrió y dijo: —Puede usted serenarse, no hay tal maldición, lo que pasa es que aquí tenemos una vieja costumbre. Le contaré...

Cuando un joven cumple quince años, sus padres le regalan una libreta, como esta que tengo aquí, colgando del cuello, y es tradición entre nosotros que, a partir de entonces, cada vez que uno disfruta intensamente de algo, abra la libreta y anote en ella: a la izquierda, qué fue lo disfrutado, a la derecha, cuánto tiempo duró ese gozo.

¿Conoció a su novia y se enamoró de ella? ¿Cuánto tiempo duró esa pasión enorme y el placer de conocerla? ¿Una semana, dos, tres semanas y media?

Y después, la emoción del primer beso. ¿Cuánto duró? ¿Un minuto y medio del beso? ¿Dos días? ¿Una semana? ¿Y el embarazo o el nacimiento del primer hijo? ¿Y el casamiento de los amigos? ¿Y el viaje más deseado? ¿Y el encuentro con el hermano que vuelve de un país lejano? ¿Cuánto duró el disfrutar de estas situaciones?, ¿horas?, ¿días?

Así vamos anotando en la libreta cada momento, cada gozo, cada sentimiento pleno e intenso...

Y cuando alguien se muere, es nuestra costumbre abrir su libreta y sumar el tiempo de lo disfrutado, para escribirlo sobre su tumba. Porque ese es, para nosotros, el único y verdadero tiempo vivido.

No podía parar de llorar, si yo hiciera una libreta como esa, ¿el día de me muerte qué pondría?

¿Qué habría disfrutado de la vida?

¿Cuánto habría disfrutado?

Ahora te pregunto a ti querido lector: *¿Qué quieres que se ponga en tu lápida el día que mueras?*

¿Estás conforme con lo que has vivido y disfrutado?

Si no lo estás, aún estás a tiempo de que las cosas cambien, tú eres el único responsable de lo que pase en tu vida.

¿Cómo quieres que te recuerden?

¿Qué vida quieres tener cuando llegue tu hora?

No lo postergues más.

No tienes dinero, pues haz que eso cambie, ve a por tu sueño por muy imposible que parezca, porque un día te arrepentirás de no haberlo intentado. Entre más pronto lo hagas mejor, porque la vida pasa muy rápido, no hay tiempo.

Desde ese día me replanteé mi vida y empecé a tomar cartas en el asunto. Hay gente que piensa que es muy complicado un cambio. Y no es más que una estrategia de tu mente para mantenerte en la zona de confort.

Los cambios empiezan por cambiar todo lo que está dentro de tu mente.

Yo empecé por cambios pequeños y me han funcionado. Te voy a dar un ejemplo fácil, hay mujeres que son incapaces de cortarse el pelo o pintárselo de otro color.

Algo como cortárselo y pintárselo, el pelo crece y en cualquier momento te lo puedes volver a pintar.

Cambia de color de ropa poco a poco, al principio no te gustará ni te sentirás a gusto, pero tu mente se va adaptando a cosas diferentes en tu vida. Yo antes solo me vestía con colores gris, negro y marrón, un día empecé a cambiar de colores para vestirme, a utilizar el rosa, el azul y el rojo. Y, ¿sabes que? Son los que mejor me quedan y ahora son mis favoritos.

¿Te das cuenta?

Algo tan sencillo como eso te puede cambiar la vida.

¿A qué estás esperando para hacer cambios en tu vida?

¿Cuál es tu excusa para no cambiar y quedarte en la zona de confort? Esa que te tiene tan inconforme contigo mismo.

Es superimportante reconocer qué tipo de hábitos tienes. Porque de ellos dependen los resultados que tengas en la vida.

16. La importancia de los hábitos.

Algo que parece a los ojos de la gente cualquier cosa es superimportante para poder cambiar tu vida.

Todos los libros que he leído hablan sobre lo importante que son los hábitos, la gente de éxito no hace lo mismo que hace el resto del mundo y por eso son tan exitosos.

Así que desde que decidí que mi vida iba a cambiar también sabía que tenía que cambiar los hábitos para poder lograr cosas diferentes.

Aquí juega un papel importante las creencias que tenemos, con las cuales crecemos, pero también nuestro entorno, porque ellas nos moldean y es lo que hace que seamos la persona que actualmente somos.

Por eso la importancia de cambiar de hábitos, pero no te preocupes, la verdad es que esto tiene solución y podemos crear una vida distinta a la que en este momento tenemos.

Nuestra vida está basada en acciones y ellos se convierten en hábitos. Yo te voy a dar unos cuantos *tips* que yo he ido incorporado en mi vida y me han ayudado a cambiarla.

- Lee. Si no estás acostumbrado a leer puedes incorporarlo día a día leyendo solo una página o dos al día.

- Ve videos diariamente de cosas que te acerquen a ese sueño que tanto quieres.

- Levántate treinta minutos antes cada día y medita, si te cuesta meditar simplemente escucha a tu corazón, como late. Escucharse a uno mismo es lo más importante para aprender a conocerte.

- Bebe más agua cada día, nuestro cuerpo es casi toda agua así que es muy importante hidratarnos constantemente.

- Come más sano. ¿Haz escuchado la frase de «somos lo que comemos»? Pues es así. Imagínate que tu cuerpo es la máquina que te llevará a que esos sueños se cumplan, tendrás que cuidarla para que no se estropee.

- Camina o haz ejercicio diario, no es necesario que seas un experto ni que te apuntes a un gimnasio para hacer ejercicio.

- Haz aquello que te gusta y con lo que te sientas relajado. Baila, patina, haz bici, nada, ve al mar, algo que te haga quemar esa mala energía que se acumula y que después que lo haces te hace sentir bien.

Haz cosas distintas de las que normalmente haces.

¿Te acuerdas cuando te conté que empecé a vestirme con colores diferentes?

Pues bueno, el crear hábitos es algo parecido a eso, crea hábitos que te lleven a aquello que quieres lograr sin decirte la mentira de que no puedes porque no tienes dinero para hacer una cosa u otra.

El que realmente quiere puede hacer que su vida cambie porque yo lo he hecho y soy una persona normal, como tú. La diferencia se encuentra en que tan real son las ganas de conseguir aquello que realmente deseas o te pienses dejar vencer por el miedo y por esa imagen que tú has creado de ti.

> *«Si buscas resultados distintos,*
>
> *no hagas siempre lo mismo.»*
>
> **Albert Einstein**

17. El entorno.

Casi todos los libros que he leído, hablan sobre la importancia del entorno.

¿Qué significaría esto realmente, que tu vida va a ser igual a la de la gente que te rodea?

No, pero también influye la información que entra en tu mente.

Como he dicho anteriormente la mente está hecha para protegernos, te contará historias que no son buenas, de hecho, algunas serán más aterradoras, pero luego te darás cuenta que ninguna es cierta.

Tristemente hay gente que no comprueba que esas historias que nos cuenta la mente no son reales, se las creen todas. Son las personas que sienten miedo a todo y no viven la vida realmente.

Cuando te digo que influye mucho la información que entra en la mente es porque también aquello que vemos, leemos y escuchamos nos influyen. Es decir, ver las noticias, leer el periódico, leer un libro, ver la tele o lo que la gente de tu alrededor dice, etc.

Esto, por supuesto, es algo difícil porque mantenerte cerca del entorno en el que estás es mantenerte en tu zona de confort, pero aquí tienes que tomar decisiones importantes y poner todo en una balanza.

¿Quieres que tu vida sea igual a la de la gente que te rodea o quieres que sea diferente?

Está claro que esto tiene mucho que ver con los hábitos, creo que van de la mano porque todo es un conjunto de cosas que te llevan a tener una vida diferente.

Todo esto es importante para poder ir camino a tus sueños, pero también tienes que saber que es muy importante la autoimagen que tienes de ti. Porque para poder ir tras tus sueños tienes que crear una imagen fuerte de ti.

Recuerda que de niño vamos creando una imagen en base a nuestras creencias y nuestro entorno a tal punto que en muchas ocasiones no llegamos a reconocer quién es esa persona que está frente al espejo cuando nos vemos.

Lo bueno es que, así como la creamos la podemos deshacer y crear una nueva imagen de nosotros que esté hecha para tener éxito en la vida.

Así que, identifica tu éxito y qué es lo que quieres. Y luego rodéate de gente exitosa, de gente que te apoye en ese nuevo sueño, gente que te haga avanzar hacia una vida mejor. Si no conoces gente así búscala y haz nuevos amigos. Aléjate de la gente tóxica, de la gente chismosa y de los que critican porque tu vida se va a parecer mucho a esas personas.

Si la gente con la que te rodeas no se parece en nada a esos sueños es mejor que la vayas dejando un poco atrás y continúes avanzando.

No te apegues a las personas, ni a nada, la vida está hecha de cambios y para aprender. Es decir, has aprendido la lección entonces avanzas, pero no todo el mundo tiene que avanzar contigo. Esto suena duro, pero es verdad, yo lo he podido comprobar.

Ya te he dicho que todo lo que esta aquí escrito no es más que mi experiencia que estoy trasmitiendo para que tú puedas aprender a llegar esos sueños que parecen imposibles.

18. El miedo y las inseguridades.

Cuando vamos creciendo, nos vamos poniendo capas y capas para ir tapando nuestra verdadera esencia y nos vamos convirtiendo en una persona que no somos realmente.

Nos volvemos miedosos y nos creamos una imagen de nosotros donde nuestros miedos son nuestra más grande debilidad sin darnos cuenta de que los miedos son los que nos hacen más grandes y diferentes.

Nos contamos una mentira constante de quienes somos y esto es, muchas veces, gracias a nuestro entorno y creencias y de pronto llega un momento donde nos vemos al espejo y no nos reconocemos, nos llenamos de miedos y de inseguridades hasta el punto en que nos odiamos por lo que somos.

Decimos que somos selectivos con nuestros amigos, nos creemos superiores al resto cuando estamos rodeados, pero la verdad, nuestro verdadero YO es aquel que somos cuando estamos solos y ese es realmente el que tenemos que alimentar, que cuidar y mimar.

> *«Somos seres espirituales viviendo una experiencia humana, no seres humanos con una experiencia espiritual.»*
>
> **Brian Weiss**

Cuando leí esta frase entendí muchas cosas. Muchas veces me he sentido insegura, he culpado a mis padres y a mí misma por ser como era, por tener tantos miedos e inseguridades, cuando realmente lo soy todo, lo único que tenía que empezar a hacer era creer en mí, quitarme todas esas capas de inseguridades y miedos y sacar y pulir ese diamante que verdaderamente SOY.

Pero esto no ocurrió de la noche a la mañana, uno de mis grandes defectos era querer todo ya, pero todo lleva un proceso, tú no creaste ese falso personaje de la noche a la mañana, te llevó años, mentira tras mentira, creencia tras creencia y creaste ese monstruo que te acompañaba a diario.

Pues lo mismo pasa cuando quieres trasformar ese monstruo en un ángel, eso lleva su tiempo, contando la verdad todos los días.

Pero tenemos otro grave problema: que estamos tan acostumbrados a tantas mentiras que nos las creemos más que las verdades.

Todo esto es porque nuestra mente se apodera de nosotros, ella es la culpable de todas esas mentiras, junto con nuestro entorno y nuestras creencias.

Hubo un tiempo en el que trabaje en una compañía de alta cosmética en la que se les decía a todas las personas nuevas que dijeran cinco virtudes que tuvieran.

Es muy sorprendente cómo sabemos lo que nos hace falta y lo que no somos, pero no todas aquellas virtudes que tenemos.

Reconócete como el ser valioso que eres.

¿Quién te ha dicho lo contrario?

¿Quién te ha dicho que no vales?

¿Quién es tan valioso para hacerte menospreciarte tanto como persona?

Tenemos que hacer que eso cambie por lo que te voy a pedir que hagamos dos cosas.

La primera es que enumeres de cinco a diez virtudes que tengas.

Y no seas mezquino contigo mismo, al contrario, sé generoso, todo empieza por ti.

1.

2.

3.

4.

5.

6.

7.

8.

9.

10.

La segunda es un ejercicio que yo empecé a hacer no hace mucho pero que viene superbién.

En tu teléfono seguro que tiene la opción de grabar audios.

Pues bien, cada vez que tengas un problema con alguien que te haya superado graba un audio como si se lo contaras a tu mejor amigo.

Eso evita que caigas en el rol de víctima y critiques porque se te va a pasar la rabia.

Y luego que hagas esto escucha ese audio.

Te darás cuenta que lo que ha pasado no es para tanto y aquí pasará algo importante, porque cuando nos escuchamos a nosotros mismos somos conscientes de muchas de las mentiras que nos contamos a nosotros mismos.

La intención es ser más grande que cada uno de esos miedos. Hazte consciente de todas esas creencias limitantes que tienes.

Para eso tenemos que ir educando nuestra mente. Hay que educarla para bien porque está educada para lo peor.

¿No te ha pasado que piensas en algo bueno y tu mente empieza a sabotearte contándote un montón de historias que al final no son verdad?

Piensa, cada vez que tienes miedo de algo, *¿qué es lo peor que te puede pasar?*

Te aseguro que la mitad de las cosas que pasan por tu mente no son tan graves.

En el camino hacia mi búsqueda había también muchas dificultades, unas en forma de deudas y te puedo decir que si hubiera escuchado a mi mente por todo lo que me decía no habría salido a mi encuentro.

Me di cuenta que no me servía de nada porque las deudas seguían allí me preocupara o no. Pero cuanto menos me preocupaba de la manera cómo las iba a pagar, más fácil aparecía la manera cómo lo tenía que hacer o el dinero.

Así que piensa y sé sincero contigo mismo, ¿qué es eso que te está deteniendo para lograr ese sueño que tienes?

¿Qué mentira te estás contando?

¿Piensas dejar que la vida pase sin tú hacer nada para cambiar las cosas?

> **«El infierno en la tierra es encontrarte de trente con la persona que podrías haber sido y mirarle a los ojos.»**
>
> **El padre rico de Robert Kiyosaki**

Cuando leí esta frase se me puso la piel de gallina, no me gustaría que esto me pasara a mí, por lo que me prometí a mí misma hacer lo que fuera necesario para cumplir mis sueños.

19. Descubre tu identidad.

En ese camino, hacia mi encuentro, me fueron pasando cosas que me hacían creer que mi mundo se iba derrumbando poco a poco.

Después de esa comida familiar donde me di cuenta que algo me pasaba, empecé a leer para ver si en algún caso podía encontrar algo que me diera una pista de quién era yo.

Mi hermano y yo, en ese entonces, teníamos un negocio que no era nada bueno y que nos llevó a la bancarrota. Lo que nos llevó a tener que dejar ese piso donde vivíamos porque no podíamos pagarlo.

Empecé a buscar sitio donde vivir, algo que fuera más pequeño, pero estábamos casi a cero euros y con muchas deudas. No encontrábamos nada barato.

Así que me tocó tomar decisiones que cambiarían mi vida. Tuve que dejar a mi hijo con mi madre para yo irme a una habitación con mi hermano.

Ya era hora que teníamos que dejar el piso y no encontrábamos nada. Yo había estado hablándole a algunos amigos y familiares diciéndoles que si sabían de algo me avisaran.

Pocos días antes de mudarnos me llamó un amigo diciéndome que ellos querían alquilar una habitación para poder ayudarse un poco. Para mí esta llamada fue como algo mágico, ya tenía un lugar a donde irme.

No te puedo decir que fue fácil, pero sí te puedo decir que fue de gran aprendizaje. Tuvimos que aprender, mi hermano y yo, a convivir con más gente, pero sobre todo acostumbrarnos a algo más pequeño.

Yo me enfoqué en el aprendizaje que esta nueva situación tenía y en lo positivo. Allí me di cuenta que, aunque parezca que Dios te ha abandonado por las cosas que nos pasan, la realidad es que nosotros no sabemos qué es lo es mejor, pero Dios sí.

Aquí entra nuestra mente consciente, racionalizando todo y sin entender nada, pero Dios es sabio y sabe más que tú.

Al poco tiempo me di cuenta que antes me encontraba en mi zona de confort.

Que estaba tan acostumbrada a lo cotidiano del lugar donde vivía, a los amigos, a la facilidad de estar en un sitio y no moverme lejos, a lo diario del día a día, a la gente...

Si lo piensas en frío y desde afuera de la situación te darás cuenta que si yo quería un cambio y encontrarme, porque estaba perdida, tenía que sacudir un poco mi mundo, porque si no todo seguiría igual y tal vez seguiría perdida e insatisfecha con mi vida.

Como Dios es sabio y sabe que el salir de nuestra zona de confort no es fácil, él te empuja a que cambies, pero claro está que esto no es gratis. Ninguna para que las cosas cambien porque obviamente todo depende de ti.

Ese cambio me hizo reaccionar y darme cuenta de lo que me pasaba, en ese mismo instante, mi vida empezó a cambiar.

Fue como una gran sacudida para tomar acción e ir a por ese cambio que tanto deseaba.

Pasaron unos meses y todavía seguía sin trabajo, así que ese tiempo en el que estaba sola decidí invertirlo en mi aprendizaje para llevar mi vida a un mejor rumbo y así poder llevar la vida de mi hijo por un mejor camino.

Esta ha sido la mejor de las satisfacciones, porque durante ese año me di cuenta de que soy la única creadora de mi vida, que soy capaz de mover montañas para llegar donde yo quiera llegar, me di cuenta que puedo soñar lo que quiera porque soy capaz de conseguir aquello por lo que estoy dispuesto a luchar.

> **«Reconoce el gran maestro que eres, un ser creador de tu mundo.»**
>
> **Julieth Pareja Rios**

Los desafíos son aprendizajes que la vida nos va poniendo para avanzar. Si tienes deshazlo o quieres un cambio, si estás perdido y la vida te pone pruebas, y te da sacudidas es porque realmente lo necesitas para ver si vas en serio o de qué eres capaz.

Cuando te venga el desafío en vez de sentirte una víctima aprende del proceso, porque lo siguiente que vendrá serán cosas maravillosas.

La vida es realmente mágica, en realidad no sabemos nada.

El dolor a algo o a alguien no es más que la resistencia o apego al cambio.

Disfruta del camino soltando lastres y sin el apego a nada ni nadie.

Te dejo este cuento de Buda que espero que te haga entender mejor lo que aquí digo:

Nada es imposible si tienes Fe

Un joven viudo, que amaba profundamente a su hijo de cinco años, estaba de viaje cuando unos bandidos quemaron su pueblo y raptaron a su hijo.

Cuando el viudo regresó, contempló las ruinas del pueblo y sintió pánico. Cuando se acercó a su casa, encontró el cuerpo calcinado del que pensó que era su hijo.

Lloró de forma inconsolable. Organizó la cremación del cuerpo, recogió las cenizas y las puso en una bolsa de tela que llevaba siempre consigo.

Al cabo del tiempo, su hijo consiguió escapar de los bandidos y regresó al pueblo. Llegó a la nueva casa de su padre y llamó a la puerta. El padre seguía desconsolado.

—¿Quién es? —Preguntó.

El niño contestó: —Soy yo, papá, abre la puerta.

Pero el padre desesperado, convencido de que su hijo había muerto, pensó que aquel niño se burlaba de él. Gritó: —¡Vete! —y siguió llorando.

Finalmente, el hijo aceptó el rechazo de su padre, se marchó y nunca más volvió.

Dijo el Buda:

«En algún momento, en algún lugar, crees que algo es verdad y te agarras a ello de tal manera que, aunque la propia verdad venga a llamar a tu puerta, no le abrirás.»

Creemos que lo que sabemos es real de verdad. Y si te planteas la pregunta adecuada:

¿Lo que yo sé es real?

Cómo saber quién eres.

El primer paso para encontrarte y saber quién eres es aprender a conocerte a ti mismo. Yo he encontrado un ejercicio muy fácil que te ayudará a saber quién eres.

La primera vez que lo escuché, lo hice de Jorge Bucay. Él lo toma como un juego, con el cual podemos aprender a conocernos un poco.

Para ello, en este cuadro, tenemos que hacer dos líneas.

La idea es crear dos columnas y dos filas.

Te voy a hacer dos preguntas, las respuestas serán las líneas que vas a marcar en el siguiente cuadro.

Tengo que advertirte que tienes que ser sincero contigo mismo, no te puedes engañar, la idea es que sepas un poco quién eres.

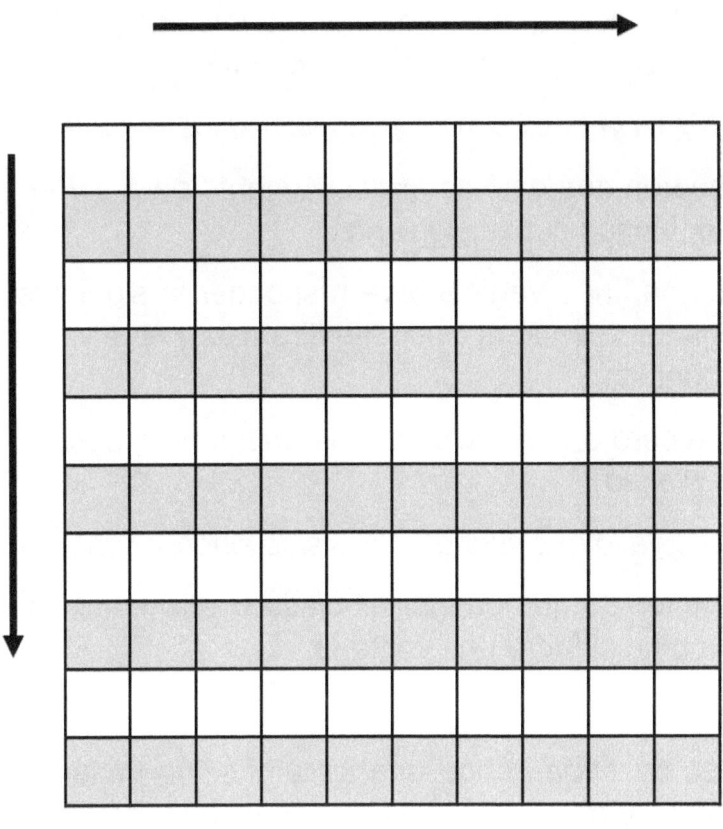

En la esquina superior izquierda vas a poner un cero y en la superior derecha un diez.

Lo mismo vas a hacer en forma vertical, luego tras dos líneas según las preguntas.

Haz una línea horizontal para responder esta pregunta. Siendo el cinco mentira a lo que te voy a preguntar.

1. De cero a diez, ¿cuánto me importa, de verdad, lo que la gente dice de mí?

Bien ¿Ya la has hecho? ¿Has sido sincero contigo?

Recuerda que esto es exclusivamente para ti. Perfecto, vamos con la siguiente.

Has una línea vertical para responder la siguiente pregunta. Siendo el cinco mentira a lo que te voy a preguntar.

2. De cero a diez ¿Cuánto me animo yo a decir lo que pienso?

Bien, ¿ya lo has hecho? ¿Has sido sincero contigo?

Te ha tenido que quedar dibujado cuatro cuadrantes, como si fuera una ventana.

Antes de nada, tengo que advertirte: no pases la página y digas luego lo hago, eso es una mentira y lo sabes. Si no lo haces ahora no lo vas hacer y la idea es que de verdad te conozcas un poquito más.

Ahora bien, yo te voy a explicar qué significa esta ventana.

Fue creado por dos psicólogos, **Joseph Luft y Harry Ingham,** y se llama la ventana de **JOHARI**. Fue creada para que una persona de y reciba información sobre sí misma o sobre otras personas.

Cada uno de esos cuadrantes tiene un nombre y un significado.

El de arriba a la izquierda es conocido como *área libre,* arriba y a la derecha es conocido como *área ciega*, abajo y a la izquierda se llama *área oculta* y abajo y a la derecha es conocido como *área desconocida*.

Área libre: Es lo que los demás y yo conozco de mí.

Área ciega: Es lo que los demás conocen de mí, pero yo no conozco.

Área oculta: Es lo que yo conozco de mí, pero nadie más conoce.

Área desconocida: Es lo que ni yo, ni nadie, conoce de mí.

Área libre	Área ciega
Área oculta	Área desconocida

La línea entre cruces muestra la situación que tienes al principio del proceso de conocerte, la idea es ampliar la ventana del área libre para una mayor comunicación, esto te llevará a reducir las otras ventanas, sobre todo el área desconocida, para conocerte más y más, te voy a explicar por qué.

¿Cómo puedes ampliar esta ventana? Haciendo una serie de preguntas a la gente que te conoce. Cómo te ven, qué apreciación tienen de ti y cuáles ven que son tus virtudes, pero también tus defectos.

Lo peor que te puede pasar es que tengas una ventana como esta, donde la persona no sabe mucho sobre sí misma. Según lo que dice Jorge Bucay esta es la ventana de los oprimidos, de los miedosos, de los que viven en depresión, y viven alejados de la realidad y el mundo porque ni se muestran ni escuchan.

A.L	A.C
A.O	A.D

Ahora bien, te voy a explicar cómo, según Bucay, puedes hacer para ampliar esta ventana.

Imagina que quieres mejorar tu ventana. *¿Te acuerdas de las preguntas?¿Cuánto te importa lo que los demás dicen de ti?*

Sería bueno que empezara a importarte lo que los demás piensen de ti, puedes empezar a escuchar.

Que escuches y que te importe no quiere decir obedecer o someterse a lo que el otro diga sobre ti.

Te pongo un ejemplo que me encanta:

Alguien te dice que eres un idiota y tú le respondes: «¿Sabes qué? Tienes razón, en algunas cosas soy idiota». Pero luego esa misma persona te dice: «No, perdona, eres muy idiota». Entonces tú te preguntas: «*¿Soy tan idiota como esa persona dice?*» Si al responderte te das cuenta que no es así como te lo ha dicho tienes que saber que no es más que una percepción de lo que esa persona tiene sobre ti.

Lo importante es escuchar lo que los demás digan de ti para poder aprender qué cosas quiero o no cambiar. Eso no significa estar de acuerdo con lo que los demás dicen de ti.

Ahora bien, vamos con la siguiente pregunta:

¿Cuánto me ando yo a decir lo que siento?

Aquí tienes que pagar el precio de lo que esta pregunta significa, pero por supuesto, así como escuchar no quiere decir obedecer, decir no significa ser cruel, tienes que ser cuidadoso cuando dices lo que piensas.

Esto me pareció tan importante que lo quise poner en mi libro y te explico por qué. Esta claro que con ciertas personas somos más abiertos que con otras, pero la comunicación es la base de cualquier relación.

Tú imagina que esta ventana la tienes en una relación de pareja o con tus hijos, ¿qué pasa si en estos tipos de relaciones no te importa lo que tu pareja o tus hijos opinen de ti y tú no le puedes decir lo que opinas de ellos? Esta sería una relación oscura y poco satisfecha y esta relación no crecerá.

20. Sé tu superhéroe favorito.

¿Sabes que es lo que más he aprendido de este camino en el que empecé mi búsqueda?

He aprendido que soy mi **«superheroína»** favorita, capaz de conseguir todo aquello que me proponga.

Y te puedo decir que no ha sido fácil, ha habido muchos, pero que muchos desafíos para llegar aquí.

Y este no es el final de un sueño cumplido, es el principio de uno de muchos de mis sueños. Ya tengo ganado la mitad, sé que van a haber desafíos, pero también sé que soy capaz de lograr lo que quiera.

Y por eso me escribí esta carta, para siempre recordar quién soy.

21. Carta para mí.

Con el paso del tiempo me he dado cuenta qué es lo que realmente he venido a hacer, no ha sido fácil porque he escuchado de muchas personas lo que debería ser, eso me ha llevado muchas veces a sentirme rara, diferente y hasta fuera de lugar.

¡Gracias a Dios he despertado y me he dado cuenta de quién, en realidad, SOY!

Mi propósito a partir de ahora es escucharme solo a mí misma, independientemente de lo que el resto opine y eso no solo me hace feliz sino también me hace sentirme más segura de mí misma.

Por supuesto que soy rara y diferente, todo el mundo lo es a su manera.

No pretendo parecerme a nadie, soy única y así voy a brillar.

No es fácil cuando todo el mundo opina cómo debes ser, actuar y tener, pero tampoco es imposible, eso es solo una palabra.

No busco ser perfecta, nadie lo es, pero busco esa perfección que solo existe en mi cabeza y de la cual estoy orgullosa.

Estoy orgullosa de ser la soñadora y rara que siempre he sido porque eso me está llevando por el camino que quiero y me llevará a hacer realidad esos sueños que para el resto son imposibles.

Así que, de ahora en adelante voy a ser mi *¡SUPERHEROÍNA FAVORITA!*

Nada es imposible si tienes Fe

Esta carta la escribí el año pasado cuando me disfracé de superheroína para el cumpleaños de una amiga.

Viendo esta foto me di cuenta que cuando eres niño puedes ser lo que realmente quieres ser en la vida porque tu imaginación es grande.

¿Por qué no plantearte esto de adulto? ¿Qué es eso que no te permite ser aquello que sueñas?

¿Y si te dijera que la vida es aquello que puedas soñar y no lo que te contaron?

¿Estarías dispuesto a convertirte en tu superhéroe?

Pues conviértete en ese superhéroe y ve a conquistar el mundo, porque eso es lo que tú te mereces.

Julieth Pareja Rios

Y ahora tú escribe quien quieres ser en grande.
Sé tu superhéroe favorito.

Nada es imposible si tienes Fe

Has tu propia carta y comprométete a ser tu superhéroe.

22. La fe.

Voy a empezar contándote algo que me ha pasado hace poco.

Hace unas semanas me llamaron de un antiguo empleo para ver si podía trabajar allí de nuevo.

Como estaba en el proceso de creación de este maravilloso bebé llamado «libro» le dije que sí.

Eso suponía que tenía que mudarme a un sitio cerca de ese empleo porque no tengo coche y lo más cerca que me quedaba allí era la casa de mi madre.

Volver a casa de mi madre era lo menos importante, aunque claro, cuando vives tanto tiempo sola es algo incómodo.

El sábado del fin de semana pasado me desperté un poco mal conmigo misma, estaba buscando piso como loca desde hacía más de un mes, pero todos estaban muy caros o había que dar muchos meses de anticipación.

Me fui a caminar para despejar mi mente y para que esos demonios mentales (ladrones de sueños) no se apoderaran de mí por mucho tiempo.

Luego fui a casa de mi prima para hablar con ella. En medio de la conversación me dijo: «Nena, yo he aprendido mucho contigo, confía y ten fe que lo mejor llegará a ti.»

Pensé que tenía razón, en la clase de fe que tengo, y que todo se solucionará.

Antes de llegar a casa de mi prima había hablado con mi madre por teléfono y le había dicho que quería hablar con ella, que había tomado una decisión sobre irme a su casa.

El lunes fui a su casa a comer y cuando se sentó a hablar conmigo me preguntó qué quería hablar con ella. Le dije: «Mami, no te preocupes, he decidido soltar la presión que tengo por esta situación».

Semanas antes mi madre también había hablado con varias personas que ella conocía y que tenían pisos desocupados para ver si alguien me alquilaba y así vivir con mi hijo nuevamente.

La mayoría le había dicho por diferentes motivos que no.

El martes me llama mi madre para decirme que una de las personas que había llamado semanas atrás le había llamado para decirle que sí estaba interesada en alquilar el piso, pero que la cocina no estaba tan bien que digamos, que tal vez había que reformar.

Yo le dije: «No importa, lo cogemos así y ya reformaremos más adelante, dile que queremos ver el piso».

Pasaron los días y fuimos a ver el piso, mi madre y yo quedamos con la hermana del chico porque él vive en Madrid.

Mi expectativa sobre la situación de la cocina era bastante mal por lo que él había dicho.

La sorpresa que me llevé cuando entré a la cocina fue impresionante. Tenía casi todo nuevo, nevera, cocina, lavadora, incluido el calentador del agua.

No me lo podía creer, Dios había sido supergeneroso conmigo por confiar en él y dejar esa situación en sus manos desde el fondo de mi corazón.

La hermana del chico me explicó que el inquilino anterior, sin querer, había quemado la cocina y que ella no había visto el piso desde que él se fue porque su hermano era el encargado de eso.

Esa noche ni dormí pensando en las veces que no he soltado situaciones, en lo que puede hacer mi mente contándome historias, y en lo generoso que había sido Dios conmigo.

Así que hice lo que siempre hago, pero esta vez con más intensidad, dar las gracias por lo maravilloso que es Dios.

Esto quiero que lo tomes como una simple historia, porque sé que allá afuera hay mucha gente que tiene historias más fascinantes que estas para contar.

Pero sí quiero que seas consciente que todo depende de la fe que tengas para cada una de las cosas en la vida.

Lain García Calvo dijo una vez que él tenía un tarro con un cartel que decía: **Bendiciones**.

Yo hice también el mío y lo tengo en un sitio visible, en él pongo hasta todas esas cosas que me pasan que veo en forma de bendición para que nunca se me olvide que tengo que tener fe porque Dios está conmigo a cada instante.

¡Haz tu el tuyo!

Y permite que Dios te multiplique cada una de esas bendiciones porque aquello en lo que te concentras se expande.

La fe parte de la intuición, es esa chispa que enciende el deseo de tu corazón para alcanzar aquello que deseas.

Cuando ella está encendida es como el motor, si lo apagas no llegas a ningún sitio.

No se tiene fe cuando tienes que ver para creer.

La gran mayoría de artistas famosos han tenido mucha fe, tanto en ellos como en aquello que solo ellos creían, y ese ha sido su motor, el que los ha llevado camino a ese sueño que un día tuvieron.

No pienses que las vidas maravillosas están hechas para unos pocos o que es para los que han nacido con estero.

Hasta ahora no había sido consiente que siempre soñé con una vida maravillosa.

En el momento que no sabía quién era y fui a mi encuentro, el universo (Dios, la energía) conspira a mi favor, yo solo seguí el camino con fe y fueron apareciendo grandes regalos en el camino.

La fe se trata de creer en ti más que nadie, en lo que sientes y en esos sueños que están en tu interior, aun cuando sientes que estás solo.

Recuerda que solo tú los ves, tu trabajo es materializarlos sin importar cómo se ve la realidad, eso es fe.

> *«Porque en verdad os digo que si tenéis fe como un grano de mostaza, diréis a este monte:*
>
> *Pásate de aquí para allá, y se pasará, y nada os será imposible.»*
>
> Jesús de Nazaret

¿Todavía sigues pensando que hay sueños imposibles para ti?

Aquí te dejo algunas de las historias de famosos que han llegado al éxito no porque hayan nacido con una estrella sino porque nunca se rindieron cuando tuvieron dificultades, porque su sueño era más grande.

Johnny Depp: Su familia era muy pobre, cuando él era pequeño tuvieron que dormir en un cuarto de hotel durante casi un año. Se mudaron más de veinte veces. Sus papás se separaron cuando él tenía quince años por lo que cayó sumido en las drogas, además está lleno de cicatrices por la frustración que le causaba su situación familiar.

Jim Carrey: Tuvo una infancia muy dura, pero a pesar de eso nunca perdió el sentido del humor. Su familia tuvo que vivir en caravanas por muchos años. Él no pudo terminar sus estudios y terminó trabajando en una empresa de limpieza y como payaso en un cabaret.

Sarah Jessica Parker: Eran siete hermanos, por lo que vivieron gracias a la beneficencia pública, muchas veces sin servicios básicos, como la luz.

Daniel Craig: Nació en Liverpool, su familia tenía tantos problemas económicos que perdieron su casa y tuvieron que dormir en los bancos de un parque en Londres porque no tenían dinero para poder dormir en una habitación de hotel.

Hillary Swank: Vivió gran parte de su infancia en un tráiler. En una entrevista confesó que su madre llegó a endeudarse para poder comprarle calcetines, ya que ella pasaba mucho frío en los pies.

Halle Berry: Su madre era una enfermera de profesión y su padre fue un hombre violento, se divorciaron cuando ella tenía cuatro años. Luego de esto tuvieron que dormir en albergues de mendigos por su complicada situación económica.

Y, para finalizar, te dejo un poco de la biógrafa de esta mujer que para mí es un gran referente, no solo por lo que pasó en su infancia sino también por lo que ha logrado hasta ahora.

Oprah Winfrey: Es presentadora, actriz, escritora y productora, mejor conocida por su trabajo como anfitriona de su propio programa de televisión: *The Oprah Winfrey Show*. El programa de Oprah estuvo al aire durante veinticinco temporadas, desde 1986 hasta 2001.

Oprah Gail Winfrey nació el 29 de enero de 1954 en Kosciusko, un pueblo rural de Mississippi. Su madre tenía tan solo dieciocho años cuando la tuvo y quedó embarazada por una aventura de una noche.

Sus primeros seis años de infancia los pasó en la granja de su abuela materna en Misisipi. Su abuela era tan pobre que le hacía trajes con telas de sacos de patatas.

Luego se mudó con su madre a un barrio pobre de Milwaukee, Wisconsin.

Cuando tenía nueve años fue violada por uno de sus primos. Cuando era adolescente fue abusada sexualmente durante cinco años por amigos de la familia.

Estuvo a punto de entrar en un reformatorio por su rebeldía de robar e ignorar el toque de queda. También tenía que soportar las burlas de sus compañeros de colegio.

A los catorce años se fue de casa, quedó embarazada y dio a luz un bebé que murió poco tiempo después de haber nacido.

Gracias a que se mudó con su padre no fue enviada a un centro de detención, después de estar con su padre pasó de ser delincuente a ser un miembro del cuadro de honor.

Cuando tenía diecinueve años fue la primera mujer afroamericana en aparecer en un noticiero gracias a que consiguió trabajo como locutora en una cadena de televisión local.

Siete años después **visualizó** hacia donde quería que fuera su carrera. Por lo que pasó de trabajar en el programa *AM Chicago a conducir su propio programa, The Oprah Winfrey Show*. En los ochenta conoció a **Stedman Graham**, con quien todavía mantiene una relación.

En el año 1985 consiguió un papel en la película *El color púrpura* y fue nominada a un Óscar a la mejor actriz de reparto.

En el año 1994 la gran parte de los programas de televisión buscaban explorar temas vulgares y sensacionalistas, pero **Oprah Winfrey** decidió ser ella misma y no seguir el ejemplo de su competencia.

Al principio fue duro porque no tenía el nivel de audiencia que querían, pero con el paso del tiempo la gente fue apreciando la dignidad con la que manejaba el programa.

En 2003 se convirtió en la primera mujer afroamericana en ingresar a la lista de **billonarios publicada por la revista Forbes**.

En el 2009 anunciaron que **Oprah Winfrey** abandonaba el programa, ya que terminaba su contrato con la ABC. En el 2011 comenzó a trabajar en su propia cadena de televisión **Oprah Winfrey Network.**

«Lo único bueno del éxito a nivel económico es que te confiere la habilidad de poder concentrarte en las cosas que realmente importan. Y ello significa marcar la diferencia, no solo en tu propia vida sino sobre todo en la de los demás.»

Oprah Winfrey

Si piensas que el camino hacia tu sueño será fácil, estás muy equivocado. Si fuera fácil todo el mundo lo haría.

Tu sueño será posible solo si tú estás dispuesto a hacer lo que sea necesario para conseguirlo, pero si te dejas paralizar por cada piedra que consigues en el camino lo más probable es que nunca lo consigas.

Aparte esas piedras, también es importante levantarte cada vez que te caes y seguir adelante, no esperes la compañía de nadie porque recuerda que es tu sueño no el de nadie más.

Así que, lo más seguro es que a medida que avances el camino empieces a quedarte sin la compañía de los que tienes alrededor.

Pero no te preocupes, conseguirás personas que no conocías de nada pero que te animarán a seguir adelante porque ellos también van detrás de un sueño.

Sabiendo todo esto solo te puedo hacer una pregunta:

¿A qué estás esperando para ir tras tu sueño?

Si esperas que algo pase morirás sin haber cumplido nada porque lo único que va a pasar es tu propia vida.

Quería terminar con esta frase que me encanta. Es muy clara porque llegar a tus sueños no será fácil, pero créeme no es imposible.

Lucha por aquello que realmente quieres, si no sabes qué es, esa será tu primera tarea. Saber qué es lo que realmente quieres en la vida e ir a por ello.

Porque la vida no es lo que te han contado sino la capacidad que tengas de soñar e ir tras aquello que deseas.

> «*No bajes tus sueños a la altura de tus circunstancias, haz tus circunstancias a la altura de tus sueños.*»
>
> *Lain García Calvo*

La ley de la atracción.
Mundo cuántico y metafísico.

23. La ley de la atracción.

Antes te he hablado de la humildad, el amor, el perdón, la muerte, el cómo encontrarte a ti mismo, etc.

En este capitulo te quiero hablar de algo un poco más profundo. Lo voy a explicar de la manera más sencilla posible para que puedas entender esto que a ojos de la realidad no es posible, pero que científicamente está comprobado.

Aquí te quiero introducir a lo que son las leyes universales y los principios del mundo metafísico.

Decidí dar unas pequeñas pinceladas a estos principios para aquellas personas que todavía no saben qué significaba la ley de la atracción.

Si ya sabes qué es, ¡magnífico! Porque entenderás de lo que estoy hablando, y si no lo sabes, no te preocupes. Si esto te suena a chino y tu mente consciente no lo toma como real, es algo que existe como la ley de la gravedad, y funciona porque yo he podido comprobarla.

Para que lo entiendas mejor te voy explicar algo. Tenemos dos tipos de mente. La mente consciente es la encargada de todo lo racional, lógico y motriz que hace nuestro cuerpo, es decir, sumar, cepillarse, ella se encarga de la creatividad, etc. Ella es la lógica y racional. Es la encargada de la toma de decisiones.

Gracias a ella podemos recordar cosas pasadas y prácticamente es la responsable de toda nuestra vida, por lo que se encarga de protegernos.

Ella selecciona lo que según ella es bueno para nosotros, su capacidad es muy pequeña y limitada.

Sin embargo, la mente subconsciente es la que guía nuestro corazón, la que almacena toda la información, es ilimitada y en ella se encuentran todos y cada uno de nuestros recuerdos pasados. Ella es la creadora de aquellas cosas que hacemos con nuestros impulsos de manera no racional, ella reacciona por instinto, es como el disco duro de un ordenador.

¿Por qué te cuento esto? Porque si nuestros aprendizajes no han sido correctos, nuestras respuestas tampoco lo serán.

Es decir, podemos reprogramar nuestro subconsciente para utilizarlo a nuestro favor.

La mente consciente trabaja para nosotros en automático sin darnos cuenta por lo que si aprendemos a utilizarla a nuestro favor podremos hacer cosas increíbles.

La ley de la atracción dice que nuestros pensamientos son cosas.

Es decir, los pensamientos generan una emoción que a su vez generan una vibración que hace que lo inmaterial se proyecte en lo material.

Y tú te preguntarás:

¿De verdad crees en estas cosas?

Y yo te diré: Por supuesto, no solo lo creo, sino que lo he comprobado. Este libro es un claro ejemplo de ello.

Lo no tan bueno de esta ley es que funciona lo sepas o no lo sepas. Es decir, el universo te da todo aquello en lo que te enfocas, nada está hecho al azar. Dios no juega a los dados contigo.

No existen las casualidades sino las causalidades. Aquello que deseas se manifiesta, pero también aquello a lo que temes. De aquí la importancia de ser muy cuidadoso con los pensamientos que tienes y le das energía.

Para hacer que la ley de la atracción funcione a nuestro favor tienes que saber cuatro cosas.

- Vibración.
- Visualización.
- Fe.
- Agradecimiento y aceptación.

Bien, hablemos de la vibración.

Como te dije anteriormente cada pensamiento positivo o negativo genera una vibración por medio de los sentimientos.

Es decir, cuando hay algo que da alegría te genera una vibración positiva como cuando hay algo que te da miedo o rabia te genera una vibración negativa.

La física cuántica dice que la mente moldea nuestra realidad.

La idea no es ser optimista, sino que aprendas a reconocer tus sentimientos.

La idea es que seas consciente de cada pensamiento que tienes.

Y tu dirás, pero si eso es supercomplicado, ¿cómo voy a estar consciente de todos los pensamientos que tengo en el día?

Sí, tienes razón, no podemos estar pendiente de todos ellos porque nuestra mente va muy rápido.

Pero si podemos ser conscientes de los sentimientos que generan los pensamientos buenos y malos.

No te preocupes si al principio no te sale, como todo en la vida, es cuestión de practica.

Te voy a dar un ejemplo practico: Cuando estabas aprendiendo a andar en bici, seguramente tenías dos ruedas a los lados o tus padres te ayudaban cogiendo la bici por detrás, hasta que aprendiste a estar sin las ruedas y sin tus padres.

Bueno, esto es lo mismo, no es más que practica hasta que puedas ser cada vez más consiente de lo que piensas y sientes.

Es decir, cada una de las cosas que hoy tienes en tu vida han sido creadas gracias a tus pensamientos.

Aquí juega un papel importante todas nuestras creencias, las que aprendimos y adquirimos desde pequeños.

Y pensarás y me dirás: «Estás muy mal de la cabeza, ¿por qué me estás diciendo que yo he creado esas deudas, malas relaciones y todas las cosas malas que tengo en mi vida?»

Sí, la verdad es así, pero no te preocupes esto no pasa instantáneamente y tampoco es a un nivel racional.

Esto pasa a un nivel inconsciente.

La buena noticia es que a partir de ahora todo lo que venga puede ser mejor que lo anterior porque tú puedes dirigir los pensamientos y sentimientos hacia donde quieres que vaya.

¿Quieres un ejemplo de esto?

¿Te acuerdas que en la biografía de **Oprah Winfrey**, casi al finalizar, hay una parte que dice ella visualizó a dónde quería que fuera su carrera? Pues bien, eso es lo que tienes que empezar a hacer, pero no te desesperes, ya hablaremos de esto.

Para esto tenemos que cambiar nuestra vibración porque todo es energía y nuestros sentimientos generan tanto la buena como la mala.

Así que, lo importante es hacer que nuestra vibración suba. ¿Cómo? Escucha la música que más te gusta, recuerda aquello que da satisfacción o alegría, da las gracias por cada una de las cosas buenas y maravillosas que tienes.

Cada una de estas cosas te ayudarán a hacer que tu vibración vaya cambiando poco a poco y llegará el momento que ya lo hará de forma automática, sin que te des cuenta.

Todo eso para que crees situaciones, circunstancias o personas que te acercarán y que harán que vayas creando tu propio universo.

Será como un círculo que atraerá más cosas buenas y positivas a tu vida, de la misma manera que se fueron creando las negativas.

Cuando tengas pensamientos negativos solo hará falta cambiar de vibración pensando en esas cosas positivas que están en tu mente.

Luego será tan fácil que reconocerás las causalidades que van entrando a tu vida.

Visualización:

La visualización es uno de los métodos para hacer que nuestro subconsciente vaya creando imágenes de aquello nuevo que queremos atraer.

Ella te ayuda a ir creando imágenes más nítidas, es una manera práctica de ir educando la mente.

Te voy a dar un ejemplo que te puede ayudar, detalla cualquier cosa que tengas en una habitación de tu casa de color rojo, mírala durante unos minutos, luego cierra los ojos e intenta recordar todo.

A medida que vayas practicando será más fácil cada vez y la imagen será más nítida.

He dicho rojo porque se me ha venido a la mente ese color, pero lo puedes hacer con cualquier color y cualquier cosa.

Además, la visualización ayudará a que cada vez los pensamientos negativos sean menos frecuentes.

Visualiza aquello que quieres, por ejemplo, supongamos que te cuesta hablar en público, pero tienes que hacerlo porque tienes que hacer una ponencia importante.

Lo primero que tienes que hacer es no pensar en aquello que te da miedo que pase (que te quedes en blanco), al contrario, tienes que imaginarte frente al público, cómo fluyen las ideas y todo te sale genial.

Cuando visualizas pensamos en el resultado final. Es decir, como si aquello que queremos ya estuviera cumplido.

No te preocupes en él cómo y mucho menos en él cuándo porque en las leyes metafísicas el tiempo no es igual que en lo material.

Nota importante:

En el amor podemos visualizar aquello que nos gustaría sentir al lado de esa persona, incluso las características que nos gustaría que tuviera físicamente y emocionalmente, pero no a una persona en específico.

Todos tenemos libre albedrío por lo que si atraes a una persona en concreto puede que llegue a pasar, pero sería un apego y al final la relación no funcionaría. Te explicaré más de eso en mi próximo libro.

Hay muchos libros que tratan de visualización creativa para hacerlo fácil a la hora de aprender cómo hacerlo.

FE:

Cuando empezamos a visualizar aquello que deseamos pero que nuestra mente racional no cree como real, tenemos un conflicto interno.

Esto pasa porque nuestro subconsciente trabaja en automático, igual que te dije anteriormente, aquí entran las creencias conscientes e inconscientes que hemos creado desde pequeño y muchas de las cuales no reconocemos.

Así que, es muy importante trabajar bien la vibración y luego rendirse en la fe.

La primera parte del libro te ayuda a identificar esas creencias limitantes, trabaja en ellas y no dejes que la mente consciente interfiera en tus nuevas creaciones.

Después que hagas eso suéltalo al universo, a Dios o a la energía, como mejor te guste llamarlo y no interfieras para que lo que has pedido o visualizado se materialice.

Cuando digo no interfieras, lo digo porque cuando aprendemos esto nos entra la desesperación y lo queremos ya, y eso hace que nos entre la duda y la preocupación que no deja que se manifieste.

Esto te lo digo porque cuando queremos cosas que no tenemos nos apegamos al resultado final y el apego no es más que una vibración negativa.

Ten en cuenta que, si lo que quieres es cambiar tu mala situación económica, familiar o de pareja tienes que ser consciente que la vibración que estás generando actualmente no es buena por lo que no será fácil cambiar esa vibración.

Pero no te preocupes, no es imposible, de aquí la importancia de tener fe en el resultado final, sin importar la situación actual.

Te doy un ejemplo, cuando tienes deudas no es fácil pensar que todo lo que te llegará es dinero porque estás acostumbrado a recibir solo notificaciones de pago.

Pero si entrenas tu mente y visualizas el resultado final acompañado de la emoción de abundancia, todo cambiará en el exterior.

Empieza a creer en aquello que quieres, porque cuando quieres cosas a la que no estás acostumbrado tu mente te hace pensar que no eres merecedor de ello. Te entran las dudas y las preocupaciones.

Yo misma he tenido este sentimiento, muchas veces inconscientemente y otras conscientemente. Claramente este es un sentimiento negativo que hará que aquello que deseas tarde más en llegar a ti.

Esto tiene que ver con la percepción que tenemos de nosotros mismos (creencias limitantes, inculcadas o heredadas). Para ello, educa tu mente para cambiar eso.

Agradece y acepta:

La mayoría de las veces en nuestra vida no somos conscientes de agradecer las cosas que realmente tenemos.

El agradecimiento es muy importante y, de hecho, tienes que hacerlo, aunque no lo veas, en ese proceso en que lo sueltas y te rindes tienes que agradecer y esperar con fe.

Luego tienes que aceptar que tal vez las cosas que te van pasando no te gusten tanto como tú quieres, pero la realidad es que Dios, el universo, va a ir moviendo todo para que aquello que quieres se cumpla.

La verdad es que nadie sabe de qué forma van a ir sucediendo las cosas, pero si aceptas al final te darás cuenta que todo conspira a tu favor.

¿Te acuerdas de mi historia, de cómo conseguí el piso donde estoy viviendo actualmente? Pues ese es un claro ejemplo de soltar y rendirte y de cómo todo llega, aunque tú no veas cómo va a pasar todo.

Tal vez las cosas que vengan no sean exactamente como tú las has pedido, si dejas que todo fluya tranquilamente tal vez sea mucho mejor de lo que haz querido.

Un ejemplo claro es cuando quieres una pareja, o estás detrás del amor. Supongamos que estás detrás de un chico o chica que te gusta, este no te hace caso y utilizas la ley de la atracción para atraerlo, pero aparece un chico que es maravilloso y quiere algo contigo y tú no le haces caso porque estás enfocada en el que te gusta.

La ley de la atracción es como una varita mágica, funciona sí o sí, no tiene lógica, por lo que no sabe qué es mejor o peor para ti, simplemente va a hacer caso a lo que tú le pidas.

Sigamos con el ejemplo, tomarás todas las acciones necesarias para que este chico se fije en ti y seguro que se fijará, pero al final no funcionará. Estabas tan enfocado en que tenía que ser esa persona que ni te fijaste en la otra.

Es muy importante agradecer antes de ver, esa es la verdadera fe, pero también aceptar que tal vez los movimientos y cambios que vaya haciendo la vida no te gusten tanto.

Al final, cuando pase todo, te darás cuenta que tenía que pasar de esa manera. Sería como un puzle (rompecabezas), las piezas van encajando para poder crear una imagen nítida.

Te doy otro ejemplo, supongamos que quieres que en tu empleo te paguen más y valoren el trabajo que haces. Te empiezas a enfocar en ello, pones a trabajar la mente y empiezas a crear todo.

Y al cabo de un tiempo te echan del trabajo. Entonces empiezas a pensar que tal vez esto no funciona, pero un día vas por la calle y consigues, con un amigo que hace tiempo que no ves, que te dice que en su empresa están buscando gente. Vas allí y te comen y te pagan más que antes y te valoran por tu trabajo.

Así funciona la ley de la atracción, ella simplemente obedece ante el deseo, tú no sabes ni el cómo, ni el cuándo. Por eso tienes que aceptar todas las partes del proceso con fe, agradeciendo desde el primer momento que pides. Es un pide y se te dará.

La verdad, es muy fácil, nosotros lo complicamos todo haciendo caso a nuestra mente racional, sin embargo, este es un tema muy amplio del que tienes que saber más cosas, yo solo te he dado una introducción de esta ley para que sepas de ella y abras tu mente.

Esta ley siempre ha estado presente ante nuestros ojos, pero ha sido desconocida.

Si quieres saber más de todo esto te puedo recomendar unos libros que hablan sobre esto. *El secreto*, *El poder de la mente subconsciente* o *Piense y hagas rico*. Y si quieres adentrarte más en los principios del mundo metafísico y cuántico: *Las siete leyes espirituales del éxito*.

Al final de este libro te recomendaré uno de mis favoritos.

Para finalizar quiero regalarte este precioso cuento.

Espero que te ayude a saber qué es lo realmente importante en la vida porque es algo que hace mucha falta en este mundo donde parece que esto se va perdiendo.

Haz todo con amor y tendrás los más bellos regalos del universo porque Dios te premiará con ellos.

LOS TRES ANCIANOS.

Una mujer salió de su casa y vio a tres ancianos con largas barbas blancas sentados al frente de su casa. No los reconocía, y dijo:

—*Creo que no los conozco, pero ¡deben de estar hambrientos! Por favor entren y tengan algo de comer.*

—*¿Está el hombre de la casa dentro? — preguntaron.*

—*No —dijo ella. —Él está afuera.*

—*Entonces no podemos entrar —replicaron.*

Al anochecer cuando su esposo llegó a casa, le contó lo que había ocurrido.

—*Ve a decirles que estoy en casa e invítalos a entrar.*

La mujer salió e invitó a los hombres a entrar.

—*Nosotros no entramos a la casa juntos —replicaron.*

—*¿Por qué? —Quiso saber ella.*

Uno de los ancianos explicó:

—*Su nombre es **Riqueza**, —dijo señalando a uno de sus amigos, y luego dijo señalando al otro: —él es **Éxito** y yo soy **Amor**.*

Luego agregó:

—Ahora entra a tu casa y conversa con tu esposo sobre a cuál de nosotros quiere en su casa.

La mujer fue y le contó a su esposo lo que le había dicho. Su esposo estaba encantado y dijo:

—¡Qué bonito!

La conversación continuó entre los integrantes de la familia.

—Ya que este es el caso invitemos a la Riqueza, déjalo entrar y que llene nuestra casa de Riqueza.

Su esposa no estaba de acuerdo.

—Querido, ¿por qué no invitamos a Éxito?

Su hija, que estaba escuchando desde el otro lado de la casa, saltó con su propia sugerencia:

—¿No sería mejor invitar a Amor? Nuestra casa se llenaría de Amor.

—Escuchemos el consejo de nuestra hija, —dijo el esposo a su esposa. —Ve e invita a Amor para que sea nuestro invitado.

La mujer salió y le preguntó a los tres ancianos:

—¿Quién de ustedes es Amor? Por favor entre y sea nuestro invitado.

Amor *se levantó y empezó a caminar hacia la casa.*

Los otros dos se pararon y lo siguieron. Sorprendida, la señora preguntó a **Riqueza** *y a* **Éxito***.*

—Solo invite a **Amor***, ¿por qué vienen ustedes?*

Los ancianos replicaron juntos.

—Si tú hubieras invitado a **Riqueza** *o* **Éxito***, los otros dos de nosotros nos hubiéramos quedado afuera, pero como invitaste a Amor, entraremos juntos, pues dondequiera que él vaya, nosotros le acompañamos.*

«Dondequiera que haya Amor, también habrá Éxito y con él Riqueza.»

24. Sueña en grande.

De pequeña soñaba con una casa grande, con una biblioteca inmensa porque me gustaba leer y con ser escritora.

Hace once años me visualizaba escribiendo un libro porque yo quería un cambio para mi vida y la de mi hijo, y no sé por qué, pero para mí eso era un cambio. Hay algo dentro de ti que sabe más que tú, déjate guiar por ello.

Han pasado once años desde que vine a España y esa visualización de ser escritora se ha hecho realidad.

Como dije al principio, esto no es el final de un sueño cumplido, es tan solo el principio de una vida extraordinaria y maravillosa.

Así que, amado lector, sueña en grande, disfruta de la vida y cree en los milagros porque en la vida no hay nada imposible.

Pero, sobre todo, haz todo en la vida con amor.

Te quiero.

Escribe aquí tus deseos.
No olvides Soñar en Grande. ♥

En mi segundo libro te hablaré del amor propio y trabajamos en él, porque para conseguir un amor maravilloso, ese que tanto te mereces tienes que amarte a ti mismo primero.

Como vas amar a alguien si no sabes amarte a ti, acaso alguien podría amar a alguien que no se ama.

Sabes el verdadero significado de la palabra amor y sabes la diferencia entre amar y querer.

También aprenderemos a perdonarte y a perdonar porque el perdón es la llave que te lleva hacia la liberación emocional y a dejar lastres que tienes del pasado, esas mochilas que no te dejan avanzar porque las sientes muy pesadas.

La base de todo el mundo es el amor, así que te enseñaré que el amor empieza y acaba en ti para que tu vida sea mágica y los milagros empiecen a suceder.

Espero que mi libro te haya gustado tanto como me ha gustado a mí escribirlo. Lo escribí para que gente como tú sea capaz de creer que su sueño, al igual que el mío, se puede lograr, pero, sobre todo, espero que te haya ayudado a encender esa llama que está oculta en tu corazón y que está esperando a ser encendida.

Así que, te voy a pedir un favor, hay que ayudar a que la gente crea que los sueños son posibles, que no hay nada en este mundo que no se pude cumplir, pero sobre todo que vean que la vida no va de lo que nos han dicho, sino de la capacidad que tenemos de soñar.

Comparte en las redes sociales lo que más te guste de mi libro y ayuda a que el mundo de otros sea mejor, nos sentimos bien cuando ayudamos a los demás.

Búscame en mis redes sociales o escríbeme a mi correo para saber qué te ha parecido mi libro, me encantará tener noticias tuyas.

juliethparejarios@gmail.com

Facebook: juliethparejarios

Instagram: juliethparejarios

Hace mucho tiempo que conozco las leyes universales, por lo que tengo claro que la abundancia viene dada del dar para recibir, siempre y cuando lo que des lo des de corazón y no por obligación.

Hace ya un tiempo que colaboro con una fundación que me enamoró desde que la conocí porque está hecha desde el amor y el cariño de sus fundadores.

Si hay algo que me gusta en la vida es la gente humilde y sencilla y ellos lo son, la **Fundación Ochotumbao**.

Toda la información sobre esta fundación la puedes encontrar en internet.

Es una fundación que se encarga de ayudar en diferentes causas valiosas y humanas, por lo que el diez por ciento de los beneficios recaudados con las ventas de mi libro irán destinados a esta fundación.

También te quiero hablar del evento intensivo «Vuélvete imparable». Es un evento transformador que marcará en tu vida un antes y un después. Está hecho para la transformación de las personas, está lleno de una magia especial que no se puede explicar, hay que vivirlo.

Consigue la trilogía que te enseñará a tener más Fe y a utilizar esa energía interior para crear todo aquello que parece Imposible.

www.ingramcontent.com/pod-product-compliance
Lightning Source LLC
Chambersburg PA
CBHW022008160426
43197CB00007B/326